MELHORES
POEMAS

Walmir Ayala

Direção
EDLA VAN STEEN

MELHORES
POEMAS

Walmir Ayala

Seleção
MARCO LUCCHESI

São Paulo
2008

© André Seffrin, 2006
1ª Edição, Global Editora, São Paulo 2008

Diretor Editorial
JEFFERSON L. ALVES

Gerente de Produção
FLÁVIO SAMUEL

Coordenadora Editorial
RITA DE CÁSSIA SAM

Projeto de Capa
VICTOR BURTON

Revisão
JOÃO REYNALDO DE PAIVA
LUICY CAETANO
MICHELE TESSAROTO

Editoração Eletrônica
ANTONIO SILVIO LOPES
LUANA ALENCAR

Dados Internacionais de Catalogação na Publicação (CIP)
(Câmara Brasileira do Livro, SP, Brasil)

Ayala, Walmir, 1933-1991.
  Melhores poemas Walmir Ayala / seleção
Marco Lucchesi. – São Paulo : Global, 2008. –
(Coleção melhores poemas)

ISBN 978-85-260-1271-4

1. Poesia brasileira I. Lucchesi, Marco. II. Título.
III. Série.

08-00918   CDD-869.91

Índices para catálogo sistemático:

1. Poesia : Literatura brasileira   869.91

Direitos Reservados

 GLOBAL EDITORA E DISTRIBUIDORA LTDA.

Rua Pirapitingui, 111 – Liberdade
CEP 01508-020 – São Paulo – SP
Tel.: (11) 3277-7999 – Fax: (11) 3277-8141
e-mail: global@globaleditora.com.br
www.globaleditora.com.br

 Colabore com a produção científica e cultural.
Proibida a reprodução total ou parcial desta obra
sem a autorização dos editores.

Nº DE CATÁLOGO: **2791**

Marco Lucchesi nasceu no Rio de Janeiro e é professor da Faculdade de Letras da UFRJ. Leciona em diversas universidades do Brasil e do exterior. Editor-geral das revistas *Poesia Sempre* e *Mosaico*, é poeta, ensaísta e tradutor. De sua obra, destacam-se os seguintes livros: *A memória de Ulisses, Meridiano celeste, Sphera, A paixão do infinito, Saudades do paraíso, Os olhos do deserto, Bizâncio, Teatro alquímico, O sorriso do caos* e *Faces da utopia*. Organizou, dentre outros, *Caminhos do Islã, Viagem a Florença: cartas de Nise da Silveira a Marco Lucchesi, Leopardi: poesia e prosa, Jerusalém libertada de Torquato Tasso* e *Artaud, a nostalgia do mais*. Traduziu, dentre outros, *A ciência nova*, de Vico, *A trégua*, de Primo Levi, *Baudolino* e *A ilha do dia anterior*, ambos de Umberto Eco, *Poemas*, de Khlebnikov, poemas do romance *Doutor Jivago*, de Boris Pasternak, *Teologia mística*, de Dionísio Areopagita, e *Poemas à noite*, de Rilke e Trakl.

A presente antologia segue dos livros últimos aos primeiros, em virtude de um desenho poético que se mostra mais despojado, livre de influxos e de ritmos identitários que não os da poesia de Walmir Ayala.

Pequenas correções gráficas e ortográficas mostraram-se necessárias, algumas das quais indicadas pelo autor, em *Poesia revisada*.

Para além dos aspectos subjetivos inevitáveis – os de uma escolha poética –, esta reunião buscou preservar uma dialética entre documento e monumento: os aspectos mais acabados de sua poesia, juntamente com as marcas de época, buscando a maior abrangência entre essas duas forças, para caracterizar, senão o rosto, ao menos o perfil de um percurso poético.

Ao escritor André Seffrin, nossos mais vivos agradecimentos.

A ESPADA, A ESTRELA E O JAGUAR

Protéica e multiforme, a obra de Walmir Ayala aguarda uma visão crítica mais articulada de seu conjunto vasto, plural e descontínuo. Seria urgente organizar alguns volumes-chave que registrassem a gama de interesses que sua Musa – como disse Drummond – tornou fatal. Os olhos de Walmir são como os de Argos, compridos, sedentos e abertos para a vida e suas paisagens inacabadas. Obra dispersa que espera – como Pirandello – seu crítico mais definido, seu público novo e editor, a partir dos quais se reconheçam os riscos de uma poesia que se declara sempre mais viva entre os vivos:

> E este medo, e esta glória
> de estar vivo, perigosamente vivo
> para a espada
> que mata para a vida eterna.

Essa demanda potente e exacerbada de uma vida absoluta, cortada pelo fio da espada, deslinda a tensão inaugural de que resulta a força e a diversidade de sua poesia. Quem melhor compreendeu essa tensão – a partir do profundo sentimento que a anima, de suas contradições internas, de seu ritmo ao mesmo tempo forte e dissoluto – foi Mário Faustino, ao evidenciar a "noção precoce do espaço poético, pela aproximação de uma poesia-coisa, pela segurança e validade do adjetivo (que usa como estrutura, não apenas como adorno), pela boa retórica, pela força do canto e, último porém primeiro, pelo caráter convincente de sua vivência feita poesia".

Faustino parece colher a súmula da obra de Walmir, uma vista em conjunto e retrospecto, uma centelha expressiva do incêndio que o consome, desde o anjo de Rilke até sua poesia-coisa (Ding-Gedichte), marcada, muito embora, por uma voz biográfica, por um lúcido narcisismo que toca os confins do universo e avança rumo à imagem de Deus, paradigma de um rosto que se busca, mediante o conhecido manancial de espelhos e enigmas. Uma compreensão do espaço poético pensado na sintaxe espacial da correspondência da arte com a poesia (*ut pictura poiesis*), vazada por uma tremenda obsessão do tempo.

A mesma obsessão – da coisa, da *res* – que levou Cornélio Penna, Lúcio Cardoso e Octavio de Faria a produzir uma obra densa e contraditória, tão arraigada no plano do indivíduo e de suas forças terríveis e inaugurais, por mais diversos que fossem os resultados desses autores. Vejo Walmir debruçado em *Crônica da casa assassinada*, que tanto o fascinou, amigo de Lúcio Cardoso, seguindo o epistolário denso e complexo daquelas paixões dignas de Goya e El Greco. O lado escuro, dionisíaco, as reminiscências órficas, as bacantes e os coros sombrios de Ésquilo. A dissolução do ritmo e sua conseqüente e vertiginosa liberdade musical:

Estais na sombra como um círio,
brilhas por teu olho de cristal
como um acorde brilha ao crepúsculo
de um templo abandonado

Mas essa é uma parte da torrente. Uma poesia rio tributária de outras muitas, que se lança num delta complexo, a desaguar nos mais diversos aspectos e apelos. A par disso, há um Walmir apolíneo, do ritmo preciso e das figuras claras, das imagens diurnas e de sua respectiva geometria. Não existe nele uma separação ou uma contradição entre Apolo e Dionísio. Sua poesia se reveste dessa condição ambígua, de oração e morte, do sacrifício cruento à sublimação, do corpo santo ao mais fúlgido erotismo. Os cantares de Salomão. E os ensaios de Georges Bataille. A pura metafísica. E o sangue do sacrifício. Deus e o diabo:

    Aqui está a vida, aqui está o caminho.
    Aqui a porta das moradas.
    Vamos dormir ao pé do anjo implacável e imóvel,
    vamos sentir sua túnica roçar nos nossos olhos,
    vamos beber seu aroma de cisne transpirado, esta
                                 [avalanche
    de mistério em pleno céu.
    Aqui é a terra
    e de senti-la cresceremos;
    e o que ensina
    a cada um dos que agora manipulam aços,
    transpõem barreiras e ingressam corporalmente no
                                     [tempo, cada um
    que hoje interrompe Deus em seu descanso.

Uma poesia sensível a um "longo repertório breve" (brevilongo, talvez: temas fundamentais e inúmeras variações), experimentando, realizando como que um compêndio da moderna poesia brasileira, a partir de uma demanda rítmica, que parece realizar a forma desse diálogo com o próprio tempo, além de seu futuro espólio – desde *Invenção de Orfeu*, de Jorge de Lima –, na fusão de horizontes semânticos e imagéticos, ao saldo perene e sintático de Murilo, Bandeira, Cecília e Drummond. A alta poesia brasileira, em diálogo com Cesário, Pessoa e Sá-Carneiro. Mas desde Alphonsus, Cruz e Souza. E depois, Lorca e Neruda. Saint-John Perse. Verlaine. Rimbaud. E todavia – melhor do que listar sumariamente o panteão da poesia de Walmir – seria importante sublinhar como as influências que assistem e assombram seus versos são absorvidas por uma forte obsessão rítmica, como o contrabaixo de Francisco Mignone em "Festa das Igrejas", que alude a uma seresta de violões inexistentes, ou na mesma composição os longos acordes dos metais, que surgerem um órgão invisível. Em outras palavras, a influência ayaliana se deixa perceber pelo ritmo, que organiza a complexidade de sua filogênese literária, uma sucessão de impulsos que convergem para um ponto definido, que se aclara por uma leve suspensão. Instrumentos invisíveis. De acordes raros. Toda uma escola do silêncio, como no poema "Pulso", de rara exatidão, imponderável, drástica, que reclama o silêncio, nascido na clareira das palavras:

> Um cubo de cristal imponderável que movesse
> seu próprio e eterno luxo contra um fundo de treva.
> Um aro de metal que num palco deserto

eqüidistante olhasse o sonho da miséria.
Fios exatos e tensos – mão ausente que apenas
mantivesse o equilíbrio, desmaterializasse.
Força que é nulidade,
ação que é ser visível,
coração que é silêncio,
em silêncio.

Do silêncio ao processo de sua fina construção, Walmir também sabe revisitar as passagens mais freqüentadas pela poesia tradicional, em poemas elaborados, agora, com vívida tensão, como a da saudade e do perene desabrigo em que o poeta se reconhece, antes do silêncio, exposto ao risco:

> Inimigo, inimigo,
> que punhal é a ausência
> que deixaste comigo.
>
> Que punhal é o silêncio
> em que mergulho cego
> e entender não consigo.
>
> Que punhal é a moldura
> do vazio das horas
> que apenas te estrutura.
>
> Ó longe, desvairado.
> Irmão da tempestade,
> que punhal é a saudade.
>
> Que mortal é o punhal,
> inimigo, inimigo,
> não esqueço de amar
>
> e morro ao desabrigo.

De sua reiterada presença, de seu apelo intenso e obstinado de queda ("[...] raízes oceânicas/ e uma sede de abismo") surge essa relação tão sua, ao mesmo tempo leve e serena, ácida e desesperada, nas formas do viver. Algo apenas comparável aos poetas românticos, Álvares e Fagundes, Gonçalves Dias, Casimiro e Castro Alves, em seu pacto radical com a vida e sua pálida fronteira. Seria quase lícito afirmar – por esse viés – o romantismo de Walmir Ayala. Seria. Mas não chega a ser. Pois que nosso poeta veio depois de Nietzsche e D'Annunzio. Sartre e Gabriel Marcel – para ficar com alguns fantasmas caros a Walmir, com que ele buscou dialogar essencialmente na sua poesia, como também nos seus diários e romances, em suas cartas e no seu teatro. O ser e o nada. Sondar os limites da própria liberdade. As pequenas epifanias. E o abismo, por toda a parte. O leão de Nietzsche. A estrela de Mallarmé. A razão e o delírio. Os olhos. O coração. A medida do corpo que pensa e organiza o fluxo da consciência:

> Toco o delírio dos meus próprios olhos.
> Ausculto o coração que o tempo marca,
> como animal de alguma pré-história
> de repente em meu peito despertado.

Ou ainda:

> Enterro vivo meu coração.
> Centauro fúlgido em tua estrela pulso:
> vivo, meu coração é um grito, sua
> riqueza rompe a treva.

Uma poesia inquieta, movida pelo andamento daquela *retórica boa* – apontada por Mário Faustino – entre Whitman e os Salmos, Agostinho e Camus. Um salto da História para a Consciência. O corpo e a palavra. O instinto e a razão. O Centauro iluminando suas contradições. Simbolizando talvez a obra de Walmir Ayala, na busca permanente de si mesmo, na busca erótica de Deus e do Outro, arrebatado e triste, soberbo e humilde, na treva de uma luz espessa, na rasa superfície do abismo, no raio inesperado e célere de um amor possível:

> Quanto tempo, meu Deus, para entender-te,
> ainda me resta? E quando
> eu tocarei o risco absoluto
> do teu silêncio?
>   Quantos
> rumos terrestres, cardos, holocaustos
> de lobo humano para despojar-me
> e ser a silhueta do teu barro?
>
> Quanto tempo jogado no teu sopro,
> quanta cegueira ao gosto dos teus dedos,
> e o ritmo de teu som que chamam alma?
>
> Quanto tempo entre os homens, pela raça
> de míseros, gementes andarilhos
> seduzido –
> chegar a ti e desdobrar a unção
> do teu retiro – e te atingir
> e te entender.

Marco Lucchesi

POEMAS

OS REINOS E AS VESTES
(1986)

1

Movem-se os reinos
naturais entre
redes de luz e sombra.

Como flores, a fauna
marinha revela
seu projeto de vulvas.

Tudo suga e sobrenada
numa cadeia de orgasmos.

A Criação no entanto
paira ideal nesta rede
de signos.

       Os pássaros
ensinam sobre a chuva,
e as altas arquiteturas celestes
sobrevivem ao sonho.

2

Recebo a água em meus lábios
sem consciência de gratidão.

Sou então uma coisa de Deus
arrastando a gosma do desejo
sobre esteiras de areia.

Palpito e respiro. A alma
é um resquício de insônia
que me move ao silêncio
quando a noite interior
é tenso isolamento.

3

Os objetos ao meu redor
tramam um surdo motim.

O repouso divino estende-se nos séculos
para que a aranha teça o infinito labor
das teias, e o mover-se
da mão sonde o prodígio.

Toco a superfície do vidro
e me surpreendo em perigo.
Protejo-me,
não mais nas cavernas,
e me maravilho
das formas criadas.

4

Mais belo que o som que escuto
é o som que antes de tudo
rege o silêncio.

Mais belo que o ouro dos garimpos
é o possível ouro
diluído numa hora da tarde
quando a luz imponderável
ofusca.

Mais belo que o gesto de amor
é o impossível do amor.
No entanto as coisas são como tesouros
triviais, o tijolo
de que se faz o muro é uma estrutura mágica,
o fogo que assa o pão
é outra vez o Sopro.

Porque a vida é um fluir
e continuamente voltamos
entre o espaço e a memória.

5

Espaço e tempo –

                      morrer

é pura construção.

6

A referência é meu limite.
Estou para as coisas
como para a vida. Completo.

Só o amor oscila
entre pólos
de agreste liturgia.

7

Espio as flores amarelas
e o mover-se dos ramos.

Parece
que o tempo se mostra
nesta contemplação
casual.

Ontem eu via as estrelas.
Tudo é meu reino, entre
raios de acesso.
E os horizontes como
telões de brisa
ligam às árvores o desenho
das nuvens.

Ver é meu ensaio de domínio.

8

Caiu uma semente
ou foi uma estrela cadente?

Caíram meus olhos sobre a pedra
ou meu gesto sobre o pão?
Caiu um fio de meu cabelo,
a cinza de meu cigarro.

Às vezes sem ruído
percebo a queda permanente
das minhas montagens.

Abro
o leque das imponderáveis
estruturas, e vejo
as varetas caírem
armando a paisagem chinesa.

9

A forma específica da água
é o movimento informe de uma crina
de um grande cavalo abstrato
pousado na orla oceânica.

A forma da rocha é o fóssil
da zoologia pré-histórica.

                       Dormem
como castelos desertos estas formas
cristalizadas desde sempre.

As formas perenemente fluídas
ou vagas
sonham o eterno equilíbrio.

10

Queimaremos os pássaros
com um só olhar
de pânico. O vôo
que inventamos não tange o mínimo das asas.

Passam pássaros alternados como sonhos
no encadeamento da noite.

                              Jazemos
no fundo do poço, como pedras.

Só o nosso olhar atinge a plenitude
do vôo. Os pássaros
inclinam os leves corpos
varados.

12

O que nos sustenta
são os sinais da ilha.
O olho d'água
no deserto é a rosa
da fortuna.
Há sempre uma resposta.

O dano e o gáudio
vêm no pão de cada dia,
e com o leite silva o veneno
seu jugo serpentário.

Somos assim um poço:
o bem e o mal atapetando
a porta do Éden.

15

Mais do que nunca as palavras embriagam o mundo.
De todos os lados os sons nos trazem sinais
como de um idioma interrompido.
Não tenho a imagem que completa as reticências.
Não tenho em minhas mãos o cesto de
morangos silvestres.
                    As sonoridades
                                        tumultuadas
refletem o instante.
Incorpóreas.

16

O destino, o que é o destino?
Quem pensa nos reger dos altos tronos?
Quem algema e libera, para depois caçar
o filho do homem?

O lobo, no espelho, reconhece-se na vítima.

18

Leio no mapa
das sombras: abstrato
gesto intercepta
a mancha.

Não é um deus chinês
o que propõe
enigmas. Tudo
está ali desde sempre.

As folhas redigem
a vaga história
do vento. Frias,
as ruas casuais
que o ouro
encobre.

20

A máquina do som jaz soterrada
no silêncio.
No entanto o silêncio é leve
e transfigurador – transita
na estrada do silêncio o espírito do ar,
intocável.

Os lábios estremecem
apenas
sob a imaterialidade da luz.

21

A paisagem traçada pela mão de uma criança
é íntegra e fugaz;
o mar, o sol poente e as aves – azul
celeste, cinza e ouro. É como
se a tinta viesse tangida pela brisa e mal tocasse
o espaço.

22

Vou permitir que chegue a morte
com seus hábeis dedos soturnos,
não como agreste mãe das urzes
ou pastora de desenlaces,
mas como necessária rocha
depois do último sol posto
quando a minha mão cortada
perder a memória da posse.

23

Coloco em torno das palavras
um traço leve e decidido,
tímido traço.
        Aproprio-me
do licor – doçura e ópio –
do que o reverso incita.

Tanjo o verso.
        Anoto
a casual visita, erma,
a desoras,
da música latente.
        Como a pura
vertente e arcaica
partitura.

26

As feras atiçadas lançam dardos selvagens,
invisíveis dardos de seda.
Na tocaia
das jaulas medem
o mesquinho espaço.

Soberbas e isoladas
armam
leques de uma dança esquiva,
por vezes pairam
como nervos tensos.

Falsos adoradores passamos e pairamos
entre o ledo passeio
e o medo.

28

A tarde doura sua última luz
com delicada complacência.

É a hora de partir o pão,
estender os lençóis
e apagar todas as luzes para que a noite reine.

A memória do ouro vespertino é mais triste;
nela
    esboçam-se os gestos inacabados.

Amanhã?
    Gerados no sonho
    afiamos punhais.

29

Põe tua espada sobre o reino merecido,
desdobra o reposteiro do altar,
sonda o sinal da arca da aliança,
deixa a marca de teu passo na fronteira do mar.

Tudo é tão maior do que esperaste
que só o desejo brilha.
                        Estrela,
o desejo à tua frente indica
a terra prometida.

31

Busca a língua o sabor de todos os instantes.
Há sal e imprevista doçura,
há o amargor e a sede;
a língua ronda
como fera, o céu
íntimo da boca.

Como a ostra em seu leito
de nácar
a língua por vezes estremece,
                         apenas,
                               sensitiva.

34

Dormem os vivos. Pendem
das vigas as teias; calado
viajo entre as coisas
que o meu silêncio arrastam.

Cresço a desoras. Náufragos
debatem-se atrás do vidro. Sou
a grande ponte dos suspiros
entre o patíbulo e a esperança.

Dormem os vivos e estou vivo
tecendo a malha do sono:
mãos penitentes pisando
a urtiga e a erva daninha.

Tudo é recordação. Batem
as ondas de um mar invisível
na soleira da porta. Trepida
sob este impulso a sombra.

35

Na laranja chupada as moscas reconhecem
despojos do verão.
        Quente, o açúcar do sumo
restaura o céu da sede.

Intata
        a laranja seguinte interpreta o segredo
da natureza morta.
        Vivos
os dentes
        destilam paixão.

36

Por um momento o rosto
no retrato
        prende
o garimpo mortal.
Acaricio
a imagem, olha-me
o amigo ansioso
em seu trajo de festa.

Meu olhar que era de antes,
meu dedo que envelhece,
meu solitário gosto
de fixar, tudo
é uma ordem invertida.

As folhas do álbum são adeuses.

37

Um céu de agulhas manipula o ciúme
e o que fora amor (sectário embuste)
germina o *de profundis*.

Verdes véus velam a luz
do olhar contaminado.
                      Teias
emolduram a poeira.
                      Atrás
o amor fenece
como velha folha entre as páginas.

ÁGUAS COMO ESPADAS

(1983)

INTRÓITO

Graça de estar vivendo este momento.
Luz desta hora que me delineia
o elenco das visões que me suportam.

Ar respirado agora, sem qualquer
previsão – clara passagem
que de repente é instante comprovado.

Reposição de névoa imaginária
num cenário acabado – cinza esparsa
de mortos que assediam a memória.

Mas tudo indiscernível, quase risco
de ilusório desejo feito carne.
Carne de sonho, descarnada teia.

Abre-se o dia, o céu vazio resguarda
na abóbada concreta do horizonte
as velas do silêncio, desfraldadas.

E nenhum barco assoma, nem viagem
alguma se conquista neste transe.
Toco o delírio dos meus próprios olhos.

Ausculto o coração que o tempo marca,
como animal de alguma pré-história
de repente em meu peito despertado.

PROJETO

Quem antes de mim marcou com sua forma este
[desenho,
este plano de vida
em que respiro
e que maravilhado dimensiono?

Quem
pisou a terra que hoje me baseia,
e cuja marca o vento cegamente
baniu?
Sou esse? Aquele? O outro?

Quem me sucederá neste meu feudo
de transitória posse? Filho escuso
que desconheço e que virá na sombra
reconstruir o tempo que respiro.

Quem fala em mim, além dos meus receios,
da minha consciência intimidada?
Quem me move a cobrir, tomar de assalto
o chão da vida? – senão o proprietário
que a morte com presteza ludibria?

De olhos cerrados tanjo o ar presente
e despetalo dedos abdicados.

De olhos abertos marco a luz com tênue
risco de compaixão.
                Dentro do túnel
já se esboça um gemido, e me completa.

JANEIRO

Janeiro desnastra os arrozais,
o fumo é desfolhado
e a larva ameaça o algodoal.

A mão do homem corrige todos os acasos.

Janeiro vê a altura viva das mudas
nos viveiros.
É tempo ainda de semear.

As frutas submetem-se aos enxertos, promissoras.
Reverdecer é simples como a luz.

DETALHES

Solidariedade nas pequenas coisas,
nos detalhes cotidianos que nossos olhos endurecidos
[não percebem,
nas possibilidades prodigiosas que nossa energia não
[atina,
porque estamos remotamente ligados às catástrofes
[de além oceano
quando na pedra da nossa calçada uma cabeça tomba
[sem socorro.

Solidariedade de dividir: o lugar, o pão, o tempo, a
[oportunidade,
o espaço.

Solidariedade de medir os gestos, de pensar os gestos
[(uma balança mágica).

Baixar os olhos, conhecer com atenção,
para depois amar.

DESÍGNIO

Quanto tempo, meu Deus, para entender-te,
ainda me resta? E quando
eu tocarei o risco absoluto
do teu silêncio?
         Quantos
rumos terrestres, cardos, holocaustos
de lobo humano para despojar-me
e ser a silhueta do teu barro?

Quanto tempo jogado no teu sopro,
quanta cegueira ao gosto dos teus dedos,
e o ritmo de teu som que chamam alma?

Quanto tempo entre os homens, pela raça
de míseros, gementes andarilhos
seduzido –
chegar a ti e desdobrar a unção
do teu retiro – e te atingir
e te entender.
         No tempo
medir esta extensão que te separa
e atrai para o meu peito dividido.

Vejo no que te externas o meu reino.
Sondo, no que te ocultas, meu destino.

VISÃO

Dos olhos a película cortada
por lâminas que amor bem manipula –
pude ver muito perto a íntima letra
da bula que continha o meu remédio.
E fui descendo às úmidas camadas
da flor cebola, flores que no pranto
vi paulatinamente descascadas.
Então amor foi visto como coisa
pousada na evidência do cristal,
e era um traçar de pautas e silêncios,
era audiência de árduo respirar.

No fundo dos açougues pousa a carne,
seu sangue, o osso, a gordurosa fímbria –
amor é cada vez mais a leveza
com que a carne seráfica se timbra.

TODO O MAR

Ferve a água no âmbito restrito
da panela.
         Agonizante
despe-se o siri de seu dia oceânico.
Vermelha
         a carapaça é como jóia,
e as pinças
rígidas cortam a breve direção,
a extrema-unção do sal é seu tempero.
A carne
       tensa
           se oculta em cavidades
           disfarçadas.
A gula agride estas cavernas vulneráveis
e o gosto do siri é todo o mar.

A SORTE

É tempo de renascer.

Todos os dias
nos doam a túnica inconsútil.

Procuramos em vão o início da costura
porque tudo ao nosso limitado olhar
deve ter fim e princípio.

Perdemos assim o amor que insiste em nos vestir,
jogamos dados sobre a sua verdade,
deixamos no pó seu despojo iluminado.

Partimos com o pior, o perecível, o corroído
prato dos nossos sentidos. Moscas e moscas
sobrevoam nossa náusea.

PASSEIO

Passeio com meu filho pelo mundo
e é pouco para amá-lo este percurso.
Toco seus olhos de cristal escuro
e ele me vê robô, cavalo, urso.
Ele me vê raiz, me desafia,
briga e ama num elo conseqüente
com tudo o que é real, e me anuncia.

Passeio com meu filho à luz do dia,
e a luz fecunda a noite que nos une
num sonho latejante de silêncio.
Concentro-me de amá-lo como a urna
guarda a alucinação de seu perfume,
e penso, piso a terra, restituo
em dom de amar a amarga antecedência
do filho que eu não fui e que construo.

OS HOMENS AMARGOS

Os homens amargos passam com seus olhos-não,
pousam as mãos suadas nos prodígios do mundo
e suportam as veias vazias da mais tênue alegria.

Eles bóiam azedos nos aquários aéreos
como seres duros e gelatinosos
recusando mesmo a paz do silêncio.

Eles murmuram recusas e dúvidas,
eles maculam de acres condimentos
a mornidão dos dias
e tiram dessa passagem um gosto de terra e carvão.

Eles não crêem nos doces frutos.

Eles não crêem nos abraços potenciais,
nos olhares que se cruzam carregados de circuito,
na fé irreversível dos que bebem a claridade
a goles vorazes
nem nas sombras de irreal casualidade
abrindo no caminho um oásis balsâmico.

Os homens amargos estão vivos por esquecimento,
como certas crisálidas ansiosas de sombra.

OS LOUCOS

Os loucos caminham por um corredor
infinitamente branco
e sem fim
          e sem porta;
um caminho sem parapeitos, altíssimo,
vertiginoso,
por onde não caem, pois os loucos
são trapezistas de olhos vendados que tateiam o sonho.

Eles param e nos olham com olhos vazios
e nos transpassam, e pedem um cigarro,
ou se colocam às portas das instituições bancárias
com pastas desertas,
secretamente tristes das funções que aboliram
por efeito de purificadora loucura.

Eles se punem num horizonte de esquecimento,
eles pairam andrajosos, mordendo a rosa do perigo,
isolados e livres.

Os loucos caminham por um corredor
infinitamente branco,
despojados e tensos,
regando seu canteiro de urtigas.

CÉU

Esplêndido céu onde absorto
o sonho de Deus cintila.

O mundo resume-se no pátio
inatual de uma celeste vila.

No entanto dedos invisíveis
estão aplicados no instante
de virtual tarefa.

Só os verdes das árvores tangem
o ar, nesta lira incessante.

A música, em cristal e poeira
na garganta da ave suspensa.
A luz, um minotauro esparso
no dia que sereno se pensa
(e de pensar-se múrmuro declina
como a brisa ao pairar da paina fina).

A CASA E SEU ESPAÇO

Encontro a casa e seu espaço – desenhado
meu coração é esta poeira no percurso
que pelo tato entendo e repudio. Mas poeira,
forma de estar a vida, menos que asa,
depositada e inerte, pelas salas.

A casa onde construo o sol dos dias,
o girassol das horas perseguindo
a direção. De rastros
as larvas ensaiando a fina seda
de uma metamorfose. Nos vitrais
filtro a luz e penso longe
em eras que já foram, epitáfios
que o mar submerge quando a descoberta
das novas terras nos invade o sono.

A casa então é caravela, a casa pousa
como balança antiga sobre a rota
dos nascimentos.
         Quantos mortos
arrastam seus vestidos nesta espera!

O AGONIZANTE

Um homem, colado à insônia de seu grito,
atinge a noite,
a dúbia noite da morte.

Sob o lenço, que rosto
agora abstrato
empedra o lábio antes banhado
no azeite do gemido.

Crivava a noite, o homem,
de um brado escuro
e denunciador.
        Agora,
sereno e imbatível, só nas lágrimas
do filho é que ainda punge.

DOMINGO

O domingo é um refúgio,
uma grande sala com candelabros bizarros
mas sem conforto.

É um refúgio sem medo, uma cadeira sem encosto.

O azeite da vida começa sempre amanhã.
Olhamos o domingo como se fosse a máscara
dissimulada – atrás dela o punhal ou o mel.

Passeamos nos domingos como as feras em suas jaulas.
Tentamos perceber o grande acontecimento que não
                                        [chega,
porque até os mortos, geralmente, deitam-se ontem
em seus leitos acolchoados.

O domingo é um touro sozinho numa arena.

NARCISO

Deus é o mais alto narciso.

Antes de tudo ser esboçado na
mínima hipótese da vida,
Deus já se amava e contemplava
no sem princípio do tempo.

E à sua imagem e semelhança, como excelso Narciso,
talhou a criação.

TATUAGEM

Eu não sou um veículo eletrônico,
eu sou uma golfada de sangue,
sou um assomo de ciúme,
uma explosão de ira.
Eu não sou uma película transmissora,
nem um *écran*, um *zoom* de aproximação,
nem sequer um microscópio.
Eu sou um sono tumultuado,
sou um sonho que me tatua.
A pele da minha alma tem árvores fantásticas
e saudades maternas, e monstros inconclusos,
abismos, ligações mais estabelecidas,
terrores que perfumam a máscara encoberta.

Eu não sou um instrumento.
Sou a mão que age e o gesto
que consuma.

POEMA NO RASCUNHO

Enterro vivo meu coração.
Centauro fúlgido em tua estrela pulso:
vivo, meu coração é um grito, sua
riqueza rompe a treva.

Enterro, com minhas próprias mãos, meu coração.
Lembranças de doces cílios e dentes que
cantavam,
de folhas secas e ruídos na noite.

Enterro meu coração com a mais nítida paciência
e lágrima
enterro meu coração e sem meu coração ainda me
arrasto
até o punhal,
para de novo inventar com lâmina e remorso
um outro coração,
               para enterrar
até o fim meu coração
com minhas mãos,
meu coração.

BETÂNIA IEMANJÁ

Betânia Iemanjá
vestida de ouro e de prata
peixe-mulher que aclara
o rugido da mata.

Serpente sugando o seio
de Cleópatra,
e Cleópatra curtida de veneno.

Betânia Iemanjá com seu lunar pequeno
e luar – nadando no ar.

Betânia Iemanjá mascando o amor entre os dentes
como sagrado fumo;
pisando a hora vestal e habitando corolas;
como víbora, ardendo; e súplice
tecendo
a luz sonante.

Betânia Iemanjá em seu barco invisível
tangido por peixe de espelho
e de som,
velas abertas como asas secando o
suor.

Betânia Iemanjá, nas pontas dos dedos de coral
o ritmo estilhaçado, nas unhas
o âmago da fera,
no umbigo
encoberto
a geração do grito.

FONTE

Bebo na fonte
               brando
é o seio em que debruço:
leito seco onde aguço
meu coração nefando.
Bebo na fonte, o vulto
há muito se afeiçoa
a esquecimento, e voa
num sítio meu, oculto.
Mas cada vez mais vivo,
e onde bebo venenos
(são dores com que crivo
meus velórios ingênuos).
Ah, corpo morto, desce
em mim que velo, a glória;
guardo em minha memória
teu ardor que apodrece.
Ah, morto amor, já nada
meu louco sangue aquece.

O SONO

A pata de um jaguar me acaricia
quando à noite mergulho nesta morte
e penso na verdade de outra vida
projetada além sono, albas do sonho.
Porque amo o estar atento e vulnerável
na cápsula do instante. Amo a provável
praia de contemplar o abismo torpe
e absoluto, onde palpitam cegas
mostras de vida antecedente.
Vejo a gênese pulcra onde meus dedos
mergulham: pêlo ou língua, neve ou cinza.
Sou tudo isto, ávido de vida –
repouso ou morte, sonho ou reconquista.
Sono, resíduo de imortal memória.

A EMBRIAGUEZ

A embriaguez sobe no ouro frio
e efervescente – instala-se na sombra
solitária dos rudes pensamentos.

E vai penteando o sonho, vai domando
as feras que transitam pela mente.
Depois desamordaça e descontrai,
trança os dedos descalços, aguilhoa
a transição de Eros, anjo andejo
das libações e setas traiçoeiras.

A embriaguez desce no ouro frio
do calabouço – instala-se nas fezes
que as uvas depositam.
                    Paira o riso
cristalizado e claro da aparente
alegria. Embriaguez,
bronze que ao som do sino se inebria.

OS CEGOS

Os cegos tateiam em seus sonhos as paredes sem
[arestas,
despidas de mais imagens do que o transe solar dos
[dias.

Nenhuma vibração contagia a página pulcra dos sonhos
dos cegos,
nenhuma silhueta tátil constrói para eles a metáfora.

No entanto o sonho dos cegos deve ser algo ansioso
como a submersão,
algo intranqüilo e abstrato como o medo.

Ninguém sonhará assim, tão puramente,
com tão despojado sentido de conquista.

Para eles o outro mundo é de um repouso celestial,
o silêncio de Deus provado até o delírio.

O MUSEU

Os insetos e as múmias jazem no sono inodoro
do museu. Como unhas
brunidas de um cerúleo brilho
os insetos se alinham, ofertório de jóias,
mostruário de esplendor que as cantoras
dos faraós ostentariam
nos secretos rituais.

As múmias, com seus tecidos desfeitos
revelam no arqueado dos pés
o momento do deus, que dança além da morte.
Sobre a face consumida de ungüentos e bandagens
colocaram a máscara divina:
verde miséria,
paixão carmim,
negro contorno.

Passamos pelas urnas de vidro dessas salas.
Anotamos, respiramos fundo (vivos) – quase
entristecemos
de tanta morte conservada em breve signo,
sem qualquer mancha possível de contato.

A PASSAGEM DO DIA

Deixar passar o dia como o fio de uma linha
na fenda de uma agulha.
Um dia como a vida, um sol inacabado,
a cortina inocente de uma chuva serena,
um dia com punhais que passam na insensível
carne das ante-salas.

Ante-salas da morte. Dias da eternidade.
E ficar sobre a pele
o passo da manhã deixando a lama fina
de uma hora perdida.

O INSTANTE

Deitado de cara para o céu
vejo o sem fim.

Sei que estou dardejado de ar,
deste ar contaminado de progressão e pânico.
O invisível me oprime o instante
e penso que poderei, morrendo, parar de respirar.

Ar, respir(ar) – inacabado
hausto
que se apóia num suspiro e recomeça
como a rosa mecânica.

LIMITE

Forjado antes da imagem, com desejo
de corpo em direções várias forjado,
vibrante, manso, rude, sonoroso,
fiz um filho na mente, como o alado
cavalo de uma astral mitologia;
e ele sem asas me baixou um dia
ao meu cotidiano incorporado.

De onde vem? Como paira ou se define
este barro aquecido e iluminado
que me trouxe a noção definitiva
de estar pelo desígnio limitado?

Mas limite que é magna abertura,
que fantasmal transpasso como um grito
de espanto ou decisão no meu traslado.
E crer na direção que me perdura,
na lâmina que corta e me desvenda,
e me liga ao que amei sem ter tocado.

UMA SOMBRA

Basta uma sombra na clara luz do dia.
A lembrança de um morto,
uma voz que habitasse
o passado, a memória
de uma viagem breve
e tensa, como a vida.
Basta isso para cortar em dois
o fio da alegria. Então
o silêncio sufoca o assomo
do menor suspiro.

Tristes são as horas sem saída,
as horas que como dedos ou pétalas se fecham
lentas e nítidas.
No entanto basta uma sombra na clara luz do dia
e as horas estremecem em sua carga
de desastres.

ESTADO DE CHOQUE
(1980)

A ERA DO FILHO

Anunciam a Era do Filho, depois da triste era do holo-
[causto
do filho, a nossa era.
Já não somos pai nem mãe, rei nem rainha, somos a
[sombra
diante da traição do filho (Absalão acordoa com seus
[cabelos
a figueira maldita).

O filho amarra o cordão umbilical e morde seus extre-
[mos,
o filho percorre com motos desabaladas os radares da
[morte,
o filho atordoa os pais que já desejaram mesmo o
[sacrifício do seu
sangue,
o filho indaga e já não temos resposta: ligamos a tele-
[visão
e deixamos que a comunicação emane um leite turvo
[e malsão
para a curiosidade mórbida do filho.
O filho nos pede magia e lhe damos um ramo de arru-
[da, uma oração
desenraizada de qualquer verdade.
O filho bate à porta e não concordamos com o uni-
[forme que nos
oferece,

nem com a opulência de seus cabelos e o brilho de
[seus olhos.
O filho mergulha em pensamentos e nós fechamos a
[porta com cautela.

Tudo se prepara para a Era do Filho,
quando a balança produzir o justo equilíbrio entre o
[inefável e o soco,
e tudo for reduzido à expressão do ato que já não ou-
[samos.
Na era do filho a superfície terrestre vai ser matriz de
[um grande grito,
capaz de comover as milícias angélicas em sua ronda
[paradisíaca.
E há de estremecer a porta do Éden, vetada aos que
[vieram antes
do filho, e conceberam à sombra das árvores da Ciência
[do Bem e
do Mal.
O filho assoma no horizonte como matilha de lobos.
Todas as janelas estão lacradas e um anjo negro mar-
[cou as
portas com sinal de peste.
Atrás do filho estão os rebanhos e as crianças nuas
como sinal de um reencontro.

SEDUÇÃO

Dizem que o padre seduziu a moça sobre um colcho-
[nete florido.
Que ela caiu e nada mais soube de si senão que já não
[era alguma coisa,
alguma coisa de indefinido e que lhe fora comandado
[desde a
consciência púbere.

Dizem que a moça seduziu o padre, como força
sobrenatural num momento de ócio ou descuido,
quando o olhar transpassou a hóstia e pairou na lua
[de um seio
nascente.

Falam de julgamentos e vestiram a moça para contar
[a todos a sua
história,
como capítulo a mais de uma novela de Janete Clair.
Houve até quem dissesse que a moça tinha um ar de
[vamp, que
estava radiosa na sua condição de estrela.

Não houve muito amor nesta apaixonada elucidação
[de verdades.
Só o padre e a moça permaneceram íntegros
na solidão de seus segredos.

SOCORRO

Há um homem tombado na rua, e um círculo de ho-
[mens o contempla.
Ninguém se aproxima ou ousa auscultar seu coração,
ninguém põe sobre sua testa um gesto balsâmico,
todos contemplam aparvalhados aquele ensaio de
[morte (ou a morte mesma)
com o animal espanto dos que não atinam com o socorro.

Há uma mulher que ameaça matar-se e matar o filho
[excepcional
se não conseguir ajuda.
Ela já pediu esmola,
recorreu ao INPS,
foi acolhida pela caridade desconhecida que
num gesto de alta nobreza
deixou-a abrigar-se com o filho na casa dos cachorros,
ao lado dos próprios cachorros que forravam com as
[fezes
a magreza, a imobilidade, a paralisia sem cura do filho.

Há um cachorro, nesta cidade, para cujo aniversário
a dona comprou alguns pernis e muitas salsichas, até
[balões,

apitos, e bifes de filé. Dançaram e beberam até tarde,
e até cantaram "Parabéns pra você". Ao que o cachorro
[contestava
com seu latido na certa reprovativo.

Assim se esboça este desenho de poucos traços, dolo-
[rido desenho
que mancha o curso dos dias.

O DIA DO MEIO AMBIENTE

Dando prosseguimento à infeliz idéia
de comercialmente lançar o dia de cada coisa,
recusando aos outros dias iguais
o privilégio da, por vezes, ansiada homenagem,
comemoraram o dia do meio ambiente.

Um dia para se pensar no erro dos outros dias,
e para se lamentar o que tantos (como nós) praticam
em desfavor da vida.
Um dia para chorar e ser absolvido,
um dia sério, patriótico, severo,
com revoadas de pombos
que no dia seguinte servirão de alvo para o esporte
[da caça ao pombo.

Um dia de se regar as flores,
os gramados,
as árvores,
que no dia seguinte serão devastados
em favor do progresso
(e o progresso só se está medindo na base do cimen-
[to e do aço).

Um dia de se cantar hinos à natureza,
 quando no dia seguinte se amontoarão paredes e os
[parques serão

contaminados com novos investimentos imobiliários,
para maior riqueza dos consumidores de uísque esco-
                                         [cês nas suítes
de luxo.
Estamos sorvendo o veneno com os legumes, porque
                                      [o progresso manda
que a química substitua o orgânico,
e os legumes têm que aparecer robustos, como os
                                     [bebês que tomam cortisona,
e coloridos como os rostos das mulheres cujo ruge
                                     [oculta fatal anemia.

Estamos vendo morrer as baías – nossos filhos mer-
                                            [gulham
em águas escuras como as das privadas.
As vitórias-régias, os tucanos e a alma febril do Ama-
                                     [zonas já se abatem
como a dama das camélias no terceiro ato.

Na Bahia e no Rio Grande do Sul já não se come peixe
as águas contaminadas prometem aos homens um pe-
                                       [sadelo hereditário.
Em Minas o abate das montanhas na exploração do
                                            [minério,
vai apagando o rastro dos bandeirantes e ameaça a
                                            [Serra do Mar.

Tudo ao nosso redor é uma onda escura que já respi-
[ramos
e que já nos acostumamos a respirar como área pro-
[visória
de uma hora agredida.

Sobre nós, incólume e irreal,
paira a nuvem sem rosto do dia mundial do meio
[ambiente.

GÊNESE

O grande mistério da geometria
é ela não ter participado
do esquema da criação.

O homem se sente maior diante de seus círculos per-
[feitos,
de seus perfeitos quadrados e triângulos,
de seus pentágonos e hexágonos, de seus ângulos
exatos.
Começa aí o dia da nova gênese.

No entanto nada mais se fez, neste sentido,
que desentranhar da ordem informal das coisas incria-
[das
um esboço de estrutura, um arremedo
de base, para entender o sonho barroco da vida.

Albers passou várias décadas homenageando o qua-
[drado,
pintando misteriosamente as possibilidades tensio-
[nais e quase místicas
do quadrado, sem ousar qualquer inovação sobre o já
[sabido
e o já contido no limite radical do quadrado.

Devia olhar, com inveja, o cotidiano sempre novo de
[uma árvore
que a própria terra alimenta e desdobra sem projeto
[ou pretexto.

Este duelo é que mantém acesa e atuante
a geração do espírito.

O MUNDO INTERIOR

O mundo interior já não é
a área nebulosa da nossa mais alta privacidade,
o espaço das formas quase abstratas
onde apoiamos nossos desejos.

É uma abóbada no avesso do mapa,
um antimapa, com sol perene
e luz perfeita,
eqüidistante e autonutrida,
uma camada fértil e íntegra
onde possivelmente vivem
nossos verdadeiros antípodas.

É o que dizem os profetas, os perscrutadores dos so-
                                              [nhos,
os intérpretes dos testamentos.

Mas eu pergunto pela noite
mãe do terror e da fantasia,
nutriz do sobressalto, sol de sombras,
eu pergunto pela noite que
este mundo interior não conhece.

A luz permanente deve queimar como um inferno:
todas as coisas e todos os seres constantemente ex-
                              [postos e em
silêncio e insônia
as peles transparentes e radiosas como as medusas
                              [do mito.
Ansiando pela noite.

LIÇÃO

– Ensina-me como é que as nuvens passam
até cair na curva do céu, lá longe.
– Vês esta laranja? Assim é o mundo.
Ao redor vivemos, como as nuvens, cruzando
transparências.
– E não caímos, leves, neste ar sem fim?
– Atraídos, pesamos na terra. Mais que o ar, pousados.
– Quando eu souber tantas palavras como tu,
escreverei poemas?
– Com menos palavras do que eu, escreverás.
Se puderes.

O BEBÊ DE PROVETA

Vai enfim nascer um bebê de proveta.
É o que dizem os jornais desse ano da graça de 1978.
Depois disso podemos pensar em aposentar os ventres,
em colocar os desejos em banho-maria,
revisar o conceito da impotência e da esterilidade,
como faces superadas de preconceitos
risíveis.

Vão administrar a demografia,
é o que prometem os computadores,
mas nem por isso o prazer será liberado.

Sem esta chama do amor feito carne
tudo será reduzido a matemática,
e o espasmo será vazio, o gozo fátuo
como fruta de algodão que sufoca.

Vamos ver o rosto do bebê de proveta.
Em vez de sugar o seio, certamente
mastigará a polpa oleosa de uma amêndoa
com seus dentes afiados e imprevistos.
Como um ovo, pedirá o calor das penas
até reconhecer o estrangeiro corpo materno.

As mães chorarão amontoadas
como fardos de repente em desuso
diante do primeiro bebê de proveta.

INCÊNDIO NO MUSEU

A "mulher" de Picasso, de nariz enviesado,
gritava por socorro entre as chamas do Museu.
Ninguém quis socorrer mulher tão torta
filha quem sabe de um profeta do Aleijadinho com
[uma fêmea
marciana.

Enquanto isso, na Espanha, no embalo de um camping,
em hora de dulcíssima sesta,
um caminhão de gás explode transferindo o leve sono
para o sono eterno.

Nas televisões, uma onda de fogo fictício
repete a novela das guerras. Aviões
suicidas descem do oriente sobre alvos flutuantes.

Incêndios misteriosos varrem as noites de Joinville.
Em algum lugar, permanentemente, uma mulher
ateia fogo às vestes.

Os terremotos aparentemente espaçados
concluem uma cadeia de sinistros.
E o fogo confirma os vaticínios
purificando a área do Juízo.

EPÍGRAFE

"Pastam nos horizontes do mar as arraias herbívoras."
Estranho, um verso assim perdido de sua estrutura
[de poema,
um verso tirado de uma imagem do Globo Repórter
com este sabor de magia e sonho que a ciência hoje
[nos oferta.

Durante muito tempo eu fui perseguido por um verso
[que não era meu,
um verso que me atropelava na insônia e no sonho,
e que eu tinha ganas de assinar, mas me continha.
Hoje eu sei de quem é, mas não declino.
Guardo o gosto do engano e o sabor das vigílias sobre
livros e livros de poemas
buscando a identidade.

Mas há outro que ainda paira sobre minha cabeça
[como uma
espada julgadora, este eu confesso,
porque o queria como síntese de tudo o que escrevi,
já que não sei fazer música ou pintar a Gioventu de
[Visconti.

Eu o queria como quis poucas coisas na vida ligadas
[a mim,
como toque milagroso num corpo etéreo que me
[trouxesse a fórmula
da travessia.

Eu o queria como epígrafe perfeita,
e que não pude imprimir por ter perdido a memória
[de sua autoria
para sempre, desde o dia em que me ditaram magica-
[mente
sua música secreta.

Estes versos eu queria à cabeceira do meu último
[sono
à guisa de epitáfio:
"Me quitarán la ventura,
jamás el corazón esforzado".

O OURO DO FARAÓ

É estranho como o ouro corre entre os dedos.
Os mil alçapões do desgaste limam constantemente o
                                        [ouro
que confundimos com o suor e contamina o sangue.
O único ouro puro e incorruptível
é o do Faraó Tutankamon
que passeia pelo mundo.

Todos querem ver este ouro de três mil anos,
misteriosamente conservado apesar das inflações.
Todos querem ver este ouro misturado com grandeza
e mistério,
porque à luz deste ouro a ficção e o sonho
dançaram embriagados.

No entanto, está lá, representando a vida,
a sobrevida dos deuses nutridos de poder
em suas urnas funerárias como em escrínios as pedras.
Os atletas e os aleijados, os pobres e os magnatas,
reservam seus ingressos já quase esgotados,
para ver o antiqüíssimo cadáver rodeado de apetrechos
com que viver dignamente depois da morte.
Há de estar entediado este espírito sublime
e sofisticado,
que antes falava por oráculos e meditava sozinho em
                                          [salas vigiadas.

Há de estar entediado diante do olhar dos mortais
perplexos de tão palpável magnitude.
Os donos do poder passarão ao largo,
arrastando seus fraques empoeirados, seus galões de
[falso ouro,
seus estofos sintéticos e sapatos de charol.
Estes não suportarão um cotejo com o fausto de Tutan-
[kamon
que, se despertasse, seria o eleito de todos os povos.
Seria fácil então estabelecer qualquer contato ime-
[diato de
primeiro grau
com tal emissário
cujo antiqüíssimo rosto é o próprio espelho do universo.

Por isso correm todos para ver este organismo em-
[balsamado,
potente de beleza
e maquilado de terror,
diante do qual cada ser vivo é um projeto de sabedo-
[ria e raça.
Imagem, tudo à tua luz ressurge.

ENTREVISTA

Tem o caso da jovem repórter
que foi incumbida de entrevistar Cecília Meireles
e para tanto recorreu ao Presidente da Academia
[Brasileira de Letras,
pois não encontrou o endereço de Cecília em nenhum
[catálogo
telefônico.

O endereço de Cecília? Pergunte à primavera quando
[ela chegar
com seus sininhos de ouro invisíveis e insistentes.
Olhe o panorama do mundo e sinta que Cecília não
[podia estar aqui,
nem nas montanhas de Minas que ela amou e cantou
[e que hoje se desbastam para o luxo de outras minei-
[rações.
Nem nos mistérios da Índia que ela iluminou de um
[ouro especial
e perene,
nem nas tardes de Roma ou de Washington que ela
[banhou no pudor
de seu olhar agradecido.

Cecília reside hoje no caminho cintilante de solombra,
a cuja porta ela cantou e cujo fim não existe.

Ela caminha com olhar obstinado e firme no horizonte
 [sem termo.
Eterna itinerante, podemos contar em anos e dias o
 [tempo de sua partida,
mas ela já não entende tais limites. Pousada
como sombra inconsútil no absoluto de si mesma,
com o mar cantando a seus pés como rebanho pasto-
 [reado,
rodeada de nuvens que movem silenciosas asas,
ela já nem se mostra (como aquele coração que mesmo
 [em vida abscôndito nutria).

Ela está como sempre quis, sem precisar respirar,
 [ouvindo os grilos
da infância dentro da relva, sendo ao mesmo tempo
o som e a carícia da relva fresca, do rochedo inóspito,
da claridade e da paz noturna.

Sobretudo a paz noturna, onde Cecília deve habitar
com verdadeiro gosto, não como condenada
ao novo chão, mas como coisa
que se quis integrada e imperceptível, como flor
alternativa entre aquelas que, silvestres, atapetam os
 [prados.

ARTE POÉTICA

Na adolescência eu queria escrever poemas eternos.
Poemas que não envelhecessem.
Aspirava os pensamentos abstratos, as idéias trans-
[cendentes,
jogava palavras como anzóis atrás de uma baleia azul.
Eu queria a estação permanente dos fatos,
aquela zona de mistério que transforma os aconteci-
[mentos
em reflexos cíclicos
de uma realidade essencial.
Eu desprezava a transitoriedade, dava-me engulhos
[o trivial,
pousava meu dente na polpa indizível da transcen-
[dência.

Hoje eu pouso o coração da poesia na bandeja das
[coisas que passam,
eu sei que, como todas as civilizações,
a nossa tem um fim,
e já durou demais.
Eu sinto o cheiro de seu sangue coagulado,
adivinho o pus acumulado sob sua pele túrgida.
Sei que seremos de repente uma sobrevivência arqueo-
[lógica.

Por isso não ambiciono mais, para o meu poema, esta
	[imaginária duração,
esta idade virtual com pés de efêmero tato.
Não desejo para o gênero humano poemas capazes
	[de sobreviver
à sua legítima história,
mergulho no cotidiano com um alívio e uma surpre-
	[sa que me renovam a vida.

Não quero mais fazer poemas que não sejam tributo
	[do instante.
Quero tocar o perecível e segurar entre os dedos sua
	[respiração
oscilante. Faço poemas transitórios e fugazes.

Os poemas eternos eu deixo para a vida eterna.

MEMÓRIA DE ALCÂNTARA

(1979)

ROMANCE I

Quem seria tal senhora,
Ana Henriqueta ou Theodora,
que servia a seu marido
todo dia e a toda hora,
e que por tê-lo de amado,
amado e seu muito embora,
não dispensava tal zelo
nem abriu mão da desforra?

E quem era aquela negra
cujo sorrir lembro agora
por detrás dos véus imensos
desta duvidosa história?
Quem era a que, num descuido
da previdente senhora
veio amenizar a sede,
que o senhor trouxe de fora?

E quem foi este senhor
tão ingênuo e sem cautela
que ante a sorridente negra
ousou dizer que era bela,
mal percebendo que atrás
de disfarçada janela
mordia o lábio a senhora
indo de cisne a pantera.

Que vulnerável ouvido
e que má palavra aquela
que depois do senhor ido
deixou a casa em querela?
De onde aflorou este gesto
de silêncio e decisão
quando a ama trouxe a negra
ao peso da própria mão
e com olhar de centelha,
lábio de obstinação,
colocou-a de joelhos
em dura investigação?

Sem obter qualquer prova
nos termos da confissão
transtornada de um ciúme
mordente como a paixão,
armada de ira e torquês
a senhora ergueu a mão.
E o belo sorrir que abria
na ingênua submissão
desta escrava sem cuidado
foi celo de perdição:
partidos todos os dentes
na triste mutilação.

Sentaram no tribunal
a senhora enlouquecida,
a escrava a curtir seu mal
e o senhor de alma ferida.

Ferida de um novo amor
inconfessado e suicida
pela vítima do ardor
da paixão descomedida.

Dizem que a escrava fiel
manteve a queixa escondida,
e nem sequer formulou
a acusação respectiva.
Sendo assim, a ré, por falta
de provas, absolvida.
O que não dizem é que
da tristeza do senhor
perante tal injustiça
foi nascendo estranho amor
pela humilhada mestiça.

Dizem que a louca senhora
curtiu sozinha o seu fado.
E dos outros nada dizem,
da compaixão feita agrado,
do maldito descaminho,
do sonho escandalizado
no qual o estranho desígnio
do amor amaldiçoado
viveu seu sofrido exílio
bebeu seu sabor salgado.

Amor sem rumo ou memória,
franjado de dissabor,
maldito e desenganado
como o tempo desta história.

Tempo que já é passado,
poeira, isento de glória,
onde pousa a sombra fria
do coração condenado.

VISÃO

Metade ruína, metade sonho,
como uma lenda,
viva de espaços despovoados,
adereçada com azulejos
que são guirlandas, florões,
emblemas,
suspira a trança
do casario
depositada na íngreme rota.

E ninguém nota
que o tempo antigo, como uma renda
quase em poeira,
cobre na sombra restos de glória:
mínima vida.

Ninguém duvida das alegrias
já enterradas.
As agonias, desenterradas,
tecem silêncios, destecem risos
quase perdidos
de seres novos que roçam muros
verdes de avencas.

Ervas nocivas, flores tardias,
lama, indolência, limo,
umidade,
paz sufocada.
Felicidade?
Letra apagada.

PERSONAGEM

Chorava o menino na porta da venda.
Dentro, melancias sem sabor nem cor.
Logo a interferência do velho senhor:
"Sai daqui, menino, vai chorar em casa,
espantas a vinda desta freguesia
com teu choro triste, sem qualquer sentido,
e eu assim não vendo minha melancia".

Chorava o menino na porta da venda.

Nos desencantamos da mercadoria
não porque chorasse o pobre menino
com o rosto colado na parede fria,
mas pelas entranhas sem rubor nem mel
da fruta tardia.

Chorava o menino, porque nem sofria.

HORA DA CHUVA

O fino pente de chuva
corria pelo ar parado.
Dentro das casas o ruído
de folguedos invisíveis.

Um gato numa janela,
umas velhas retorcidas,
uns cachorros sem latido
farejando ao nosso lado.

"Meu branco, quer comprar peixe?"

Passa o cesto carregado.
E andamos como se a chuva
fosse o meio favorito
do nosso ser exilado.

Naquela hora de vidro
a chuva era como um leque
ao nosso rosto abrasado.
E tudo era tão perfeito,
o tempo tão acabado
que chover era uma forma
de se sonhar acordado.

Molhava nossos tecidos
aquela chuva tão velha
como o bordado das telhas.
Não tão velhas quanto eternas
aquelas redes de tetos
que ataram laços ardentes
de afetos e desafetos.

"Meu branco, quer comprar peixe?"

Passa o cesto carregado
de despojos que na chuva
intentam ser restaurados.

E somos, silenciosos,
como coisa deste mundo,
como pétalas de flor
num velho livro fechado.

ROMANCE III

Na rua das Amarguras
morava gente importante
e era onde a escravatura
pungia o instante.

Era onde era mais dura
a vergasta, e mais constante
o jugo da criatura
na escravidão infamante.

Era onde mais fulgia
o instrumento de tortura
pois quanto mais renomado
o senhor, maior o espaço
na senzala reservado.

E quanto mais farta a mesa
mais poderosa a exigência
que o escravo consumia
entre a sevícia e a demência.

Oh rua das Amarguras
hoje estás deserta e só,
hoje és lembrança espalhada
na fina palma do pó!
Por mais que apure os ouvidos
ouço apenas dos meus passos
o toque uniforme e só.

No entanto és das Amarguras,
rua de amarga lembrança,
a própria luz que te aclara
lampeja como uma lança,
e na falsa paz das pedras
que te cobrem com dureza
levantamos o requinte
daquela podre nobreza
que sobre as costas humildes
descarregava a tristeza
de seu poder feito nada.

Porque a poeira da estrada
é importante como aquela
em que se viu a nobreza
tristemente transformada

pela morte, que unifica
escravo com malfeitor,
mão partida com mão forte,
gemido com desamor.

Oh rua das Amarguras
ficou teu nome marcando
perdido tempo de dor!

ROMANCE DAS LÁPIDES

As lápides do Carmo falam
de amor eterno,
de lembrança inconformada
de donzelas maduradas
com seus pálidos cadernos
de poesias grafadas
onde o possível amor
é uma frase derramada
entre o suspiro e o rubor.

As lápides do Carmo falam
de desolados
pais, maridos, tios, irmãos,
que acalentam os finados
e rogam uma oração
de quem passar sem cuidado,
mantendo eterna a aflição
de quem ficou separado.

As lápides do Carmo falam
de casamentos
que duraram só o instante
de um parto de sofrimento.
E há barões, feudos, altivas
famílias ramificadas
que a memória de mil mortes
vai tornando desoladas.

Todas no chão primitivo
da igreja ficam deitadas,
e se imagina seus olhos,
suas túnicas douradas,
seus punhos de renda fina,
suas botas bem lustradas,
as cambraias com lavanda,
as pratas dependuradas,
o brilho de suas facas
passionalmente enterradas.

São santos? Algozes? Réus?
Pelo amor com que ficaram
memorados, são pedaços
de amores que já passaram,
mas que tendo sido um dia
guardam em letra tão firme
nas lápides desgarradas
seus gemidos de agonia.

E parece que tocamos
em seus cabelos deitados
quando sussurramos nomes
tão ardentemente amados,
de filhas, mães e donzelas
que em tempos quase impossíveis
tiveram voz e presença
no zodíaco dos fados.

AS REDES

Mulheres teciam redes
com seus fios azuis e brancos
em salas quase desertas
de móveis. Em baixos bancos
as tecedeiras cumpriam
sua mansa artesania.

Em volta muitas crianças
nuas, com risos teciam
seus folguedos primitivos,
e os gestos das tecedeiras
com pacata nostalgia
armando o espaço das redes
na transparência dos dias.

O azul e branco tramando
com clara monotonia
seu cromatismo primário
(o gesto é que debatia);
o azul e branco passando
nos dedos da tecelã
com reprimida alegria.

Quanto custam? Dependia
da dimensão, que o descanso
do corpo suportaria.

Um ou dois? Eu casaria
na largura desta rede.
E a tecedeira sorria.
Azul e branco, no fundo
via-se a ingênua verdura
que no jardim se estendia,
e os cântaros alinhados
para o exercício da sede.

Na sala de amplas janelas,
com seus fios azuis e brancos
mulheres teciam redes,
acomodadas nos bancos,
sorrindo para os passantes
na oferta silenciosa
da ingênua mercadoria.

E os gestos das tecedeiras
com pacata nostalgia
armando o espaço das redes
na transparência dos dias.

ALTAR DO CARMO

Num altar de verde e ouro
nações de anjos
pendem como cachos
de pomos.

Mas houve uns padres
muito espantados,
que cautelosos
caparam todos
estes alados
meninos róseos.

E por castigo
ficaram cegos
estes ministros
maliciosos.

É o que se conta
na oposta margem
do tempo morto
sobre as imagens.

Ficou o altar
com seus bambinos
emasculados.

Ficou o altar
verde/auri/aberto
como garganta,
ou como ventre
mais que fecundo
cheio de gamos
embalsamados.

Ficou o altar
com revoadas
como caverna
toda forrada
de altos relevos
da cor dos trevos.

Ficou o altar
por testemunho
de nobre gala.

Dos padres cegos
já nem se fala.

O CICERONE

Quem é este moço
que com fala mansa
nos leva por ruas,
ladeiras e templos,
e se diz chamar
Orleans e Bragança?

Quem é este lento
cicerone e amigo
que é órfão de infância
e foi registrado
com o nome pomposo
de Orleans e Bragança?

No entanto não tem
jeito ou pretensão
de se parecer
a um imperador
de qualquer nação.

Ele sabe muito,
consulta alfarrábios
e por quase nada
(ou por tudo: amor)
revivendo a história
trabalha e não cansa.

E ao se despedir
com humor e graça
confessa chamar-se
Orleans e Bragança.

Guardo sua imagem.
Poderia ser
um príncipe absorto
em tão grave andança.
Mais do que por sangue,
por merecimento,
autêntico filho
de Orleans e Bragança.

NATUREZA VIVA
(1973)

ODE AO CARNAVAL

A Marcos Konder Reis

Desceram as bruxas com suas mágicas vassouras,
uns anjos de *sarong* voltaram à casa de Lot
e nenhuma mulher olhou para trás.
No entanto em cinza ressurgiu a cidade.
As bandeiras de éter tremulavam cobrindo
a pátria imaginária.
O palhaço é rei,
o vagabundo é santo.
Os colares de flores abraçam os pescoços num desmaio,
um grito sufocado imita a vida, a alegria
é uma serpente,
sobe pelos pés, morde o pó, deixa no asfalto
um arrepio de fogo, irmão da morte e do sonho.
Ó carnaval, teu cetro pesa nos salões.
O adolescente põe seu disfarce de escravo,
e cândidas cléopatras aprendem o mistério da carne
à luz de umbigos nus, de precários *lamés*,
colados como um beijo de luxo em ventres indefesos.
De olhos fechados os falsos romanos jogam-se na onda
do sorriso e da ronda,
sozinhos e plenos como flores de exílio.
Ó carnaval, tua tristeza desabrocha como a raiva
nos músculos que o sol dourou com servil abandono.
Só os anjos de *sarong* passam sérios,

compenetrados de curtas mensagens que entre os cí-
[lios circulam,
maquilados de trópico e laranja, doces
de morango e leveza, com uma petúnia amarga
nascendo entre os cabelos como pânico.
Só os anjos de *sarong* surgem e desaparecem,
fáceis, dolorosos, tênues,
com a maldade dos anjos e das fantasmagorias,
como enfermeiros e executores a caminho do nada,
donos de cálida ilha cujo acesso perderam.

Ó carnaval, chama os teus anjos!
Alguns dormem na grama, outros bebem a espuma
das primeiras ondas do domingo.
Outros ainda se despem ao fulgor do encontro,
em rápidos recintos de seda, onde são água e tigre.

Corta-lhes docemente as unhas, a esses anjos mestiços,
cura-lhes com iodo o cansaço e a vigília.
Pesada a noite, há pouco envolveu-se de véus.
É manhã.
Galeras de papel se dissolvem na luz;
e os anjos de *sarong*, abraçados, se movem
lentos no sonho das horas, deslumbrados
no espaço deserto.

CARAMUJO

Róseo avesso de flor.
Cornucópia de esperas
ou seio coroado:
caramujo, secreto
artífice das águas.

Brilhante esmalte, azul
franja de carne impura.
Longínquo som vazio
de um mar inconsumado.

Coração, polvo ou duna
que te forjasse em fogo
e nódoa: mão fechada.

Caramujo, engrenagem
onde se fundem cruas
as rosáceas do mar.

O GATO

Como um jovem leão ele flui.
Distrai-se com fios invisíveis.
Está sempre caçando uma sombra
e lentamente dorme, como véu.
É leve, invejavelmente
cinzento e cálido.

Na terra é equilíbrio perfeito.
Sobre os livros, nas estantes,
é oblíquo.
Galga as árvores,
pisando as folhas é de vidro,
atravessa o espaço como um sonho.

No avesso que se chama ira
é uma força de mínimos punhais.
No segredo das patas cava o espanto
de garras lúdicas.

Como alma sem amor
ele é pura alegria.

EIS O MAR

Aqui tens o mar, pousa o teu lábio,
se te apraz, sobre o sonho das águas.
Que importa o touro e as pombas desgarradas
nas espumas? Se queres o mar,
e o teu coração anseia o mar,
aqui tens o mar: um cordoame
de vegetais e doce intrincamento, e esta horda
de polvos enleados.
Disto se faz o grande seio do mar que é como a morte.
Vem, rompe
o denso cristal da noite e envolve o mar
com teu rosto pendido onde o crepúsculo
é sempre a rosa dos teus olhos magos.
Vem, pede ao mar pelo teu lázaro, tu e esta fronte
coroada de cauteloso vento. Vem,
prende o mar em teu dorso forrado de asas,
cinge o mar, em seu mistério
de crinas te abebera,
e sonda
o nascimento do amor, onde fervem
as vespas áureas de mel, o largo sangue.

Aqui tens para sempre o mar,
aqui tens para sempre o seu hausto que imitas,
a repentina doçura de um cristal onde o sol se irisa,
e é lençol de irmão, teu morango noturno.

O mar, este umbigo solar onde sonhas, esta duna
onde mergulharias num fundo esquecimento,
este sexo armado de espinhos onde sangras
num consolado gemido.

Aqui tens o sal do mar,
neste incontido, pressuroso assomo.

O VINHO

A mão que me abre à noite os roseirais do vinho
pastor correto e sabedor das chuvas
e antigas liturgias; mão que me abre
as urnas musicais, enquanto o vinho
transpassa com seu sangue o incorruptível
limite dos cristais, enquanto o vinho
cintila imóvel, férvido no entanto
por trás de seus anárquicos pulmões.

Conversamos. O outono azul dos molhos
nos molha os lábios – logo a primavera
dos legumes enxuga nossos olhos. A poesia
é esta conversa que nos corre viva
e passa pelas pálpebras do vinho,
e logo é signo, complacência, paz,
intriga, renovada paciência,
com que fazemos sábio nosso engano.

A poesia é exatamente a rosa
fisgada pelas lâminas do vinho,
ou a pedra encardida no vinagre
dos vinhos corrompidos, a poesia
é estar-se frente ao coração gelado
de um vinho que nos banha e nos inflama.

As mãos pousam na liturgia
da toalha, e o vinho as crucifica
enquanto a noite
passa pousada na estação das uvas.

GRAVURA CHINESA

Os caçadores de gamos, dois.
Um num cavalo vermelho
outro em branco cavalo branco
alam-se na gravura chinesa.

Os gamos olham para trás
como quem chamasse as setas,
as patas, a sapiência
perfilada dos caçadores.

(Como nos bosques onde
se perseguem amores.)

Os caçadores de gamos
não sofrem nem fazem sofrer:
os gamos
        caem
                como peixes
incautos numa rede –
assim caem os gamos
                ágeis
no jogo das setas
(como um lótus nas águas quietas).

MORCEGO MORTO

Flor de veludo pisada. Ontem
silvo na noite. Agora
penugem fria.

Junto às rosas, assistido
pelo agudo sonho
dos gatos, sob o afiado sol,
apodrece.

Ontem vôo maldito. Agora
espectro varrido.
                    Habitante
da morte inconsútil.
                    O dia
claro te vê, consome
e guarda.

CICLO

A Lélia Coelho Frota

Quero fechar meu corpo
não como a pedra
mas como a noz e a concha
que guardam dentro o azeite e a gelatina
da vida.

Quero fechar meu corpo
inútil casa antiga
como intato instrumento em cujo som de espanto
ressoe um eco
esquecido.

Quero fechar meu corpo
como se fecha uma bandeira,
o desenho varado de uma bandeira
à noite.
Noturnamente quero
filtrar minha alma:
nada sou fora disso,
uma fosforescência de morte que se cumpre.

TEMPOS DE ARCANJO

I

O que buscamos?
Esta rosa
no flanco de um anjo,
que é o milagre, esta agonia
de uma tartaruga, esta golfada
de ar.
        O nada?
Mas se estamos repletos
de tudo o que nos mata.

II

A solidão?
E que outro escudo mais nos cabe que esta dura
crosta em que se protege a tartaruga?
Ou esta dura matéria com que o Arcanjo cobre a luz
de sua luminosa rebeldia.

E a rotina nos vem como num prato:
as olorosas carnes, olorosos
os sumos, e temperos
olorosos – tudo de que lançamos
mão, do que sobeja, e atravessamos
mares vermelhos de última alegria.

III

Se nada fazes,
se nada faço,
o que importa? Se o nosso pensamento
já deslocou o mundo
antes que o nosso braço se movesse.
Se decidimos
coisas como o amor
antes de ver
qualquer colheita.

Aqui estou, dono do que inventei, e nada fiz,
nada fiz senão chorar e me mover cegamente
como um feto no ventre, como um raio no instante.
E voltei sobre mim,
e isto é o que faço.

IV

E o erro?
Eu quisera
           juntar duas pedras e perguntar-lhes
o que seria
o seu erro. Se as coloco
na mesma água, ambas me dizem coisas, partem
para nações de barro e gelatina – e o seu erro
é eu estar detido,
debruçado em seu secreto banho de inocência.
Isto é o erro.

V

E se alguém pergunta: "Quem sou eu?"
E este alguém é o Arcanjo
com seus flancos de múltiplo cavalo,
com seus dedos de assombro, com seus olhos
incendiados;
este Arcanjo
pisando sob as plantas o demônio,
e transpirando
seu malefício.
Este Arcanjo
de asas de cobalto e cobre, armado em laivos
de incêndio que são vãs arquiteturas
de paixão.
Se este Arcanjo pergunta: "Quem sou eu?"
Responderei: "És o que guarda
a graça, e o teu Senhor te aguarda".

VI

Aqui está a vida, aqui está o caminho.
Aqui a porta das moradas.
Vamos dormir ao pé do anjo implacável e imóvel,
vamos sentir sua túnica roçar nos nossos olhos,
vamos beber seu aroma de cisne transpirado, esta
                                               [avalanche
de mistério em pleno céu.
Aqui é a terra
e de senti-la cresceremos;
e o que ensina
a cada um dos que agora manipulam aços,
transpõem barreiras e ingressam corporalmente no
                                               [tempo, cada um
que hoje interrompe Deus em seu descanso.

E este medo, e esta glória
de estar vivo, perigosamente vivo
para a espada
que mata para a vida eterna.

VII

E se estão pobres e sós as legiões
de bocas ávidas,
como ensinar
a quem sofre indormido,
a quem padece o anjo e não tem forças
para a beleza e a morte?
Como ensinar que o tempo é já passado,
e o que passa não dura,
e o que durar é tudo
de ilusório
que vivemos: a graça do momento.
E que isto é todo o paraíso.

Como abrir o ostensório do Arcanjo
para a visitação, se o Arcanjo luz
em sua carne de mágica milícia?

VIII

E aqui com meus pesares
com teus pesares
neste jardim onde a paixão gravita,
nestas raízes aéreas, nestas outras
invisíveis raízes que bebem
no coração o pranto.
Aqui aprenderemos a morte, os nascimentos,
a distância.
Aqui provaremos o abismo.
Aqui
sob os ciclos do Arcanjo,
sob as unhas petrificadas do Arcanjo.
Aqui nas suas pupilas cujo sonho
é a nossa nostalgia.

Nós: a compaixão toda do Arcanjo
nesta guerra,
neste vale de sangue,
nesta glória.

PULSO

Um cubo de cristal imponderável que movesse
seu próprio e eterno luxo contra um fundo de treva.
Um aro de metal que num palco deserto
eqüidistante olhasse o sonho da miséria.
Fios exatos e tensos – mão ausente que apenas
mantivesse o equilíbrio, desmaterializasse.
Força que é nulidade,
ação que é ser visível,
coração que é silêncio,
em silêncio.

VIGÍLIA

Inatingíveis passam os mortos
seu futuro de esquecimento

(da janela surpreendo os trevos
vigiando a nação dos ventos).

Só os mortos sabem ser livres,
deitam-se ostensivamente.

Correm águas com terra e musgo
em seu coração de semente.

Mas nada floresce: dos mortos
nada há que multiplicar.

Estão exatos. Em que vida?
Exaustos de ressuscitar.

Mas sobretudo inatingíveis
na justiça de um novo ar.

PROMESSA

Nublado estou de ti. Os curtos dias
rodam cheios de sombra, e és claridade,
prato de amor deixado à minha porta
com plumagem precoce e rude garra.

E me nublas. Promessa anunciada
em meu escuro sonho decepado,
sangue a fluir direto da ferida,
inesperado. Nublas meu gemido.

E a visão que te vejo, anjo nublado,
é como atrás de um vidro estar chovendo
e estares deste lado me cobrindo

com largas mãos os olhos ansiosos
de dor, de tanto à dor andarem dados,
e teres, sem saber, me renovado.

ATRÁS DO JARDIM

Atrás do jardim, onde as goiabas
e as jabuticabas dormem
ao ópio do verão,
ali pastam cavalos lentos
sobre floradas de paina.

Com que doçura a claridade
alinha a transparente toalha
        de sua mesa.

Até o lixo
tem um momento de leveza
e se deixa cobrir de flor
e silêncio.

Uma fonte apenas se debulha
regendo um instante de moscas
que buscam o cristal do dia.

Mover-se era uma forma do eterno
estar pelo avesso. Logo
perdíamos a rosa dos ventos.

TEMPO DE AMOR

Ter amado é não poder deixar de amar,
é um fluir entre rostos e memórias
que enfim se fundem para ser amor,
tão só amor, como gemido ou culpa.

Ter amado é não saber onde se instala
em que terra do corpo uma raiz
é aspirar pelas almas que em silêncio
se fundem num amor de esquecimento.

Ter amado é por-se à margem do que o amor
quando jovem no sonho tripudia:
macerações, promessas, desconcertos.
É como do cadáver de uma luz
desencarnar o permanente dia.

Ter amado é sonhar num labirinto
o rumo do regresso. É ter à frente
jamais um horizonte desvendado.
Jamais deixar de amar é ter amado.

INIMIGO

Inimigo, inimigo,
que punhal é a ausência
que deixaste comigo.

Que punhal é o silêncio
em que mergulho cego
e entender não consigo.

Que punhal é a moldura
do vazio das horas
que apenas te estrutura.

Ó longe, desvairado.
Irmão da tempestade,
que punhal é a saudade.

Que mortal é o punhal,
inimigo, inimigo,
não esqueço de amar

e morro ao desabrigo.

ADIVINHAÇÃO

Se fosse água seria abismo
com lentas e exatas geometrias
desenhadas pelas areias;

se fosse cor seria forte
como o cristal que se transpassa
com leves céus de azul no fundo;

se fosse música, sonata
de clavicórdio – Bach –, distância
de pássaro que nunca volta;

se fosse gesto, claro grito
com feixes de luz pelos quatro
cantos irreais da vida;
se fosse flor, desenho exato
de caprichoso labirinto
com todas as chaves expostas;

se fosse verde – uma floresta
onde eu passasse, onde eu passasse,
sem medo nenhum, como aquelas
nuvens que passam sem dano
pela estrada do sonho humano;

se fosse um bicho, corpo certo
forrado de plumas e ásperas
centelhas de dourado pólen;

mas severo como a engrenagem
de um animal que ainda se fosse
criar: um santo por imagem.

RETRATO

O retrato do santo é assim:
uma sombra de pedra
um risco de doçura
num único perfil.

Vê-se apenas de um lado
o retrato do santo:
seu queixo sombreado
é uma urna fechada
onde pulsa o milagre.

Olha duramente, o santo.
Seu retrato
tem raízes oceânicas
e uma sede de abismo.

Seu flanco
é um metal que dardeja,
seu olhar um lamento,
sua língua um silêncio
onde a primeira
palavra
em pó
viceja.

IMAGEM BARROCA

Senhora da vida e da morte,
por teu olho vazado e seco
fluem os humores da treva.

No entanto o outro olho de vidro vivo
é um látego de alvorada.
O manso leite da glória
cintila em teu olhar parado.

Senhora da vida e da morte,
as formigas nascerão um dia
do lado em pó do teu rosto.

Mas do outro, onde a primavera
habita, nascerá a fonte
da vida.

És assim: dois lados
da mesma moeda. Atravessas
o tempo
vestida em madeira e ouro.
Os azuis se apertam em teu colo
como escuras nuvens de chuva.
Estais na sombra como um círio,
brilhas por teu olho de cristal
como um acorde brilha ao crepúsculo
de um templo abandonado.

UNICÓRNIO

Tenho um raro e terrível unicórnio.
Coração de rosa-dos-ventos
domo-o pelos quatro pontos
cardeais de suas patas.
Alimento-o por montes e vales inventados,
sinto-o palpitar junto aos córregos.
É meu.

É meu porque tangi suas crinas acesas,
porque aspirei seu hálito quente e silencioso
de besta solitária; é meu
porque volta ao estábulo irreal
que ergui junto às roseiras silvestres.

Tenho meu companheiro para o sonho. Às cegas
tanjo sua cavalgada que me pertence;
jogamos a cabra-cega e ele permite
que eu me perca sobre sua sombra,
enquanto ri, de longe, e há ondas
de mar sobre seu dorso que rutila.

Meu unicórnio é de metal, é de espuma
e silêncio. Amo-o pelo amor,
e no meu prado
ele cavalga muito antes de Sirius e Aldebarã.

Prisioneiro dos desertos ele é o oásis de si mesmo,
sua claridade são as rédeas
com que ilude minha graça
de tê-lo. Ele me tem
e consente o paraíso
para salvar na sombra a minha alma.

QUESTIONÁRIO
(1967)

(EM QUE RUA MORA?)

(Rua de Ipanema)

Meus senhores, entrai.
Os gordos, os serenos,
os brandos e os sublimes,
os aflitos confessos,
os mortais sobretudo,
vosso lugar tomai.

Senhores de bermuda
madurados no ócio
detidos alertados,
talvez aposentados
ou frustrados suicidas,
vinde às plenas auroras
das ruas perspectivas
(sobretudo da minha).
Entrai, tomai lugar
neste fulcro de sol
e entendei com doçura
este brusco arrebol.

Vede a rua que habito,
suas amendoeiras,
seus pardais matutinos,
papagaios e gatos
e meninos – entrai,

que a rua é um lar sem conta
e o mundo é que é lugar
dos senhores atados,
dos senhores de espanto,
dos senhores despertos
nesta manhã solar
(antemanhã da morte).

Vinde crepuscular
aqui, é tão mais fácil,
amar e se esquecer,
e viver, e viver.

(SÃO OS POETAS UNS PREDESTINADOS?)

Ah, vai chegar o dia
em que todos farão poesia:
abri-vos, lumes da melancolia,
praias de adeus, sal de rancores,
há de chegar tempo de amores
em que transitará a alegria.

Esquecei-vos, poderosos, dos tronos!
Deixai o supérfluo, adoradores!
Há de chegar um tempo de escolha,
uma noite de lanterna e flores,
um dia de barcos e brancura
sobre campos e campos e campos.

Será o dia da poesia,
o dia das almas e dos corpos,
dos enlaçamentos sem culpa,
das prisões abertas e da vida,
o verdadeiro dia, e quais os olhos
presentes beberão a água sadia?

E então se há de indagar por outros tempos
de névoa escura, e de tremor – os lábios
sombreados de receio hão de calar.
Mas o anjo da poesia, extremo e vasto,
desdobrando estandartes para amar
há de logo verter vinho e imemória
no homem do despertar. Será no dia
em que todos farão poesia.

(CINCO LINHAS PARA UMA TUBERCULOSA JOVEM, ATRÁS DE UMA JANELA, NUM DIA DE CARNAVAL)

Atrás de um vidro repousa
a leve mariposa.
Lá fora a chama estoura,
e morre a mariposa
do brilho em que se doura.

(O QUE MAIS IMPORTA: O CORPO OU A PALAVRA?)

O desenho ou o verbo?
Dono do céu esculpe
o azul sombrio do instante
(e não é corpo ou ária).
É como o tudo: a carne
pejada de abandono
se compõe áurea porta.
Longe a palavra voa.
De pássaros morremos
amparados no corpo
que teremos
de menos.

(VOCÊ ASSASSINARIA ALGUÉM?)

Eis-me em golpe,
curvai-vos
adornados sem olhos,
bailarinos sem braços,
aves amotinadas
sem mais glória plumária,
curvai-vos ante a adaga
do meu peito fugido,
curvai-vos ante a sombra
das costas que vos dou:
entendo a claridade, o todo, a morte,
e sou.

(DEFINA EM TRÊS PALAVRAS A COR VERMELHA)

Rosa em delírio.

(DEFINA EM TRÊS PALAVRAS A COR AZUL)

Espectro da lâmina.

(VOCÊ QUER O MUNDO PARA WASHINGTON OU MOSCOU?)

O mundo para a estrela desolada,
o mundo para as almas, para os corpos,
para os anjos e os porcos, mundo intato
para o claro andrajoso e o suicida,
para o pai, para o filho,
o mundo para a máquina do mundo,
corpo que um coração habita.
O mundo certo, aberto, unido,
o mundo: jornal de violetas
e de ferro,
arma de amor erguida, urna do inferno,
compensação celeste de guarida.
O mundo, pois que o temos, para a vida.

(O QUE É O CIÚME?)

Afiadas as unhas, não baixarás amor.
Te sangro, amor. Te incito e te assassino,
amor. E te assassino.
E me assassino, amor. E sou silêncio.
corroído de inveja
de amor.

(CRÊ EM DEUS?)

Creio em mim. Creio em ti. Deus onde mora?
Na vontade de crer que me consente
humano e ardente.
No meu repouso em ti, que me alimenta,
no que vejo e recebo, nesta vara
florida num deserto, em meu maná
de agora e de jamais. Saber-me hoje
tão digno do tempo que me mata
é arder-me em Deus, e este saber me basta.

(COMENTE PARA NÓS O DIABO)

O rabo é de enxofre, a pata é de cabra.
Assobia. Assobia. Abracadabra.
Atrás de uma folha, num olhar de velha
de esguelha, de esguelha.
No sapato andante
no instante de um rato
no grito noturno
do amor insensato
(ausente diurno)
não direi seu nome;
vomita e tem fome
vomita e tem fome.

(QUAL O MAIS LINDO VERSO QUE ESCREVEU?)

"Hoje me dói a vida como um cravo."
Saberei? Saberei?
Sei do verso da vida, e seu reverso
é o cravo que aceitei. Meu verso?
Não sei.

POEMAS DA PAIXÃO
(1967)

AGUARDENTE

Bebo a água das fontes, toda a água
imponderável, água das cisternas,
guardadas e correntes, água de águas
infinitas, só tu não estás ó ÁGUA!
Só tu não vens, só tu te distancias
quando a sede é queimante e a morte assoma;
só tu, ressurreição, água mais forte,
ó água da fonte eterna dos meus dias!
O que começo saciado de águas
não tem sentido, se o que imaginara
era o teu refrigério, e estás ardendo
por ser água da sede de outras águas,
e em mim quanto mais sede mais distância
entre a tua nascente e a minha ânsia.

NOITE ESCURA

Noite escura do amor, em que me deito
com teu corpo de luz, eu assombrado
deste fantasma de repente alado
amplificando a jaula do meu peito.

Deixando-o infinito, maculado
de sangue e espuma (é mar este fantasma?
ou pássaro de mar que em onda espalma
seu corpo que é de luz e céu desfeito).

E a noite escura que era o amor se ajunta
em feixes de silêncio e de desmaio
para a festa defunta

de ver ressurreições: tempo em que caio
para em sombras cantar mais docemente
este sol que me põe preso e demente.

O REI

Coroado de amor andava um homem.
Louco: entre as urzes seu rosal se armava.
E as coisas que dizia! Fora amor
o que alentava para a morte o homem.

Depredado em amor andava um homem.
Sangue: sofreguidão com que parava
ante um olhar que ao vê-lo se esquecia
de tudo o que esperar mais merecia.

Translúcido de amor andava um homem.
Lágrimas: tudo o mais são deslembranças
com que os olhos do louco se consomem.

Só, sem família e pátria, andava um homem.
Cruz ou silêncio: paciente andava
com o coração na boca, o rei, o homem.

MALDITO

Pretendo no meu tempo esta infinita
dor de crescer pelagem de maldito.
Ergo a tocha candente, ausculto o grito
que é meu, e não entendo o que me dita.

Mas avanço: terrível lenço agita
além do sonho onde áureo me reflito,
e atendo ao gesto, afundo, e o ar que habito
é pleno de alegria e de desdita.

Mas amo, e amar me escuda e prolifera,
estéril corpo me armo de fecundos
mundos, invento tudo o que não era.

E o que era transborda num gemido,
e ebriado dos mares mais profundos
me completo, futuro e preexistido.

JOGO

Joguemos um xadrez aéreo
neste instante
um bispo persegue etéreo
a cavala dançante;

deixemos esta rainha
percorrer a estrada incessante
por todos os lados, e torres
olhando sempre adiante.

Mas protejamos o rei
seguro, cego e sacro
maltrapilho viandante.

No ar ficará deste aéreo
xadrez, a sombra solitária
da cavala dançante.

MANDRÁGORA

Como na luz azul desta mandrágora
aberta ao sol de outubro, e macerada,
invento amor, e não invento nada
que não seja invenção sacrificada.

E alço rumos de amor, como uma escada
que difícil transponho de tão minha.
Onde estás ó nostálgica rainha
da minha indecifrável madrugada?

Rodeio-te pendente e quase nada
de tão flor aflorada, de tão ágil
no tom de transparência em que és cavada.

Desenho-te com os olhos, me pergunto
se és ninfa ou pedra, referência frágil
da intensa morte que sonhamos juntos.

FRUTAL

Partimos as laranjas: sumo súplice
banhando a azul manhã. Dos gomos salta
o rio da morte, e o manancial que brota
vaticina em deserto a minha sorte;
porque sou sempre a fome e nunca o sumo
macio da laranja que, partida,
tem coração de usura e de limalha:
que outra não fora a carnação da vida.
Mas partimos em quatro esta inteiriça
Aldebarã – branda rosácea úmida
que prende a alma inocente da manhã.
E de sorvê-la os lábios se acrescentam
de doçuras tão fundas que, servidas,
inocentam no gosto a nossa vida.

NÚCLEO

Meu inferno é teu núcleo repousado
onde zumbe uma abelha e um jasmim sonha,
meu inferno é esta graça que a peçonha
resguarda com usura, a do pecado
negado, preterido, desolado
que é o medo da mentira, o meu inferno
é a verdade de mim que bebe o fogo
do teu poço tão cego quanto eterno.
O meu inferno... a doce e calma fonte
da tua mão, a maciez de linho
de tua voz presa aos lábios como a insônia
aos olhos (que os aclara e denuncia).
O meu inferno, o muro que me nega
a razão da tua morte única e cega.

CHÁ DE JASMIM

A Martim Gonçalves

Era um chá de jasmim e havia cravos,
e um São Sebastião luzia exangue.
Era um chá de jasmim e havia o sangue
de Cristo, e pela tarde lastimosa

um véu de quase chuva abria os favos
de uma melancolia; o Arcanjo extremo
desta expulsão da vida, exato e langue,
punha na casa uma erosão de rosa.

Eram também dois tristes, e pesavam
aquelas testemunhas do mistério
feitas de porcelana e poeira antiga.

Eram dois gatos de gemente espanto
aspirando o jasmim que o chá diluía
na morna emanação de incenso e pranto.

APRESENTAÇÃO

Nascemos. Era a força de um pistão
maquinário esgotar nossas esferas.
Era em nós o elo cêntrico das eras
e escuras florações de humanos: nós.

Nascemos condenados à canção,
que ouvidos nos doaram de outros pós,
e os pés e as mãos sujeitos aos avós
com estigmas futuros de anjo e feras.

Ou não. Simples nas células, diretos
na razão de um amor improvisado
antes e além de todos os projetos.

Mas a rosa no pulso e a embarcação
da morte, solta em cópulas e fomes
forrando no osso a esfinge e o mártir: homens.

OURO VERDE DO MAR

Ouro verde do mar que, sem início,
procura nos meus pés a funda mina,
gracejo desta espuma que elimina
toda a vã seriedade do meu vício.

Pureza de água a que não ouso a sina
minha identificar, branco edifício
ao qual oferto o frágil frontispício
da minha solidão feita em ruína.

Ouro verde do mar que eu penetrara
com o corpo preservado pela noite
e o riso despontando pela cara.

E então, recolocado à mão precisa,
fizera da loucura o extremo açoite
que a morte nos meus nervos preconiza.

AMOR

O mover-se de um pássaro pousado
como o engenho da estrela
ou como a ária tríplice do sono:
assim amor se nutre.
              O coração
não o teremos íntimo – seu sangue
brada um orbe de irmãos e malmequeres:
flores, arames, lacres e veludos –
todo o pássaro de ágil pouso nasce
e logo (amor) biparte-se no vôo.

ESTAÇÃO

A Marcos Konder Reis

Na geladeira as frutas
escurecem de mortas.
As pêras são secretas
usinas de água doce.
Um mamão decepado
mostra a íntima carne
e as goiabas oloram
seu verão serenado.

Mas são mortas e lentas
neste ofertório, as frutas.
Um vapor congelado
contorna seu mistério.
E elas pesam no ardor
do branco cemitério
de seu grave pomar.
E a geladeira inventa
surdo primaverar.

CONVITE

Rosa, vamos rosar
que o tempo urge, e auroresce
tarde
    rosam no ar as messes:
espigas, pendões, no ar.

Rosa, tu, no arfar do peito
    meu, cálida ave,
            arrefece.
Rosa, vamos rosar, desce
botão de vício, delícia
    frugal de pétala, vamos
            sereníssima...

EU SEI

Eu sei o gosto das primeiras uvas
eu sei o gosto das amargas uvas –
amor, me faltas;
eu sei o gosto das primeiras rosas
eu sei o gosto das amargas rosas –
amor, me faltas;
eu sei o gosto dos primeiros cantos
eu sei o gosto dos amargos cantos –
amor, me basta.

RUMO

Prévia luz. Arde um trino
de vaga rosa aberta
num esboço de espádua.

Sonolentos os pássaros
bocejam liberados
entre fios de ar e morte.

Os homens sonham sonham
(o sangue é raro e urgente)
como pétala fria
cada pálpebra desce
tremente.

E armam-se sobre o mundo
as trombetas barrocas
de incríveis magnólias.

Mãos e mãos se sussurram
na pressa dos caminhos
em perfeitas histórias.

CAÇA

Vem caçador de búfalos,
aqui está a alma feroz
numa floresta morta.

Aqui campos selvagens onde
não se respira.
Vem caçador
só tu
tens a exata noção dos crepúsculos tardos
que debruçam com sangue o tempo
sobre os dorsos
destes corpos escuros, altos e gementes.

Vem caçador de búfalos,
aqui terás as armas
na devoção da vítima.

AS VERÔNICAS

Ao Nolasco

I

Senhor, Amado e Amigo,
o vosso rosto exposto
começa a ser meu rosto
no sangue que persigo.

É vosso sangue, vivo
no meu que é estranho mosto
de um vinhedo ao perigo
de um último sol posto.

Como viver, Senhor,
Amado, Amigo e Santo
se não me basta o pranto

que verto aqui, no abrigo
de sangue com que irrigo
teu deplorado canto.

II

Do amor tenho cumprido
o tempo e o desatino;
Verônicas de vinho
tenho em mim consumido;

e te vendo nas fezes
destas noturnas taças,
mais me importa este abismo
em que tu me embaraças;

e me lanças nas ruas
com o lenço de teu rosto
(Verônicas de espanto

com que estar no infortúnio,
banhando com meu pranto
a cruz do teu desgosto).

III

Ah, meu Amigo eterno,
alusão que me instiga,
ouro da minha liga,
amor com que prosterno

ante vós minha antiga
devoção, meu caderno
vos nomeia e me obriga
a este luto inocente.

Meu Senhor, claro e doente,
meu arcanjo humilhado,
abraça-me e consente

que guarde o ensangüentado
mistério do teu rosto
em meu rosto fechado.

IV

Fechado como as pedras,
como as aves noturnas,
como as auras primevas,
as delações e as urnas

que de fechadas guardam
despojos olvidados,
fechados como o espasmo
dos teus olhos fechados.

Consente, Amado e Amigo,
de estar neste tecido
com a prova do teu sangue,

e que fique pulsando
no meu peito esvaído
teu coração exangue.

V

Amado, Amado, estive
presente em teu cortejo,
amparando este beijo
deposto em meu tecido,

que consentiste, abrindo
rumos para este amor
que, à força de ser dor,
misericórdia e espanto,

é mais que amor, é tanto
amor que me incinera
e me domina a vida.

Amado, Amado, eu sou
Verônica: a medida
do que o teu sangue gera.

VI

Era uma vez um rei
(as almas evolavam
de seu cetro amorável)
e o rei indefensável

do jugo que inventei
ainda me dava a imagem,
a inocência e a voragem
do amor que imaginei.

E de tal forma veio
ao encontro do algoz
que eu era, que hoje rei

deposto, morto e a sós
na glória que forjei,
fez-me amante do rei.

VII

Ouvi, vós, que de ouvido
atento palmilhais
as estradas do mundo:
comparação achais

no humano sofrimento,
com este, que alimento
nas dobras do meu pano?
Vós que me acompanhais

surpresos de eu ter ido
em tão longo calvário,
dizei: sofrestes mais

do que Aquele que sofre,
sem que ao menos saibais
que por vós sofre tanto?

VIII

Da tristeza dos seus olhos,
do fundo poço de mágoa
quem teria se embebido
sem desesperar da água?

Quem teria consentido
sem morrer de alentamento?
Quem se poria por dentro
sem ficar logo perdido?

No fundo fundo do fundo
de seus olhos lacrimosos
quem não fôra redimido,

e por rumos amorosos
quem não deixaria o mundo
por permanecer caído?

CANTATA
(1966)

FLAUTA DOCE

III

Pelo sim, pelo não,
Pelo incerto, por outro
qualquer amor, por tudo,
ó tudo amor, te ausculto.

Que dizes? Não espere?
Voz rude. Mas te aceito.
Vê, é com mãos de aleluia
Que o morto amor enfeito.

XI

Não há mais tempo senão
o da chuva, o do meu rosto
em tua mão.

Tudo acaba
aqui, não há
mais tempo – a resolução
é de rodar, nebulosa,
por dentro da solidão.
(Por dentro.) Por fora é a chuva,
meu calor te protegendo
como um dedo numa luva.

XII

Corpo corpo corpo corpo
meu conhecimento largo
teu doce carinho morto
no meu gosto inquieto e amargo.

Corpo corpo corpo corpo
rosa informada e sem lume
eu fosforecendo fomes
no teu botão de perfume
que desabrocha, ferido,
que transforma, que me fere...
mas meu pranto, meu gemido,
sem nada exigir, adere.

Corpo corpo corpo corpo
consente que eu me abebere...

XIV

Tormenta, por onde andaste
que o teu pó tinha seu nome
e pelos olhos entrou-me
e a chorar tu me obrigaste.

Confirmas? Era a emissária
esta revolta de uma outra
que se vai.
       A luz é pouca
fica a noite antiga e vária.

XVI

Pena de amor,
          coitada d'alma
que arrasta as rosas da aflição.
Ah, voz, se faltas, se não fosse
esta canção!

(Que duras penas
que mísero este
coração.)

XVII

Entendo não entendendo.
Quem se acostuma ao que perdeu?
Entendo que vás tecendo
um fio que não me conheceu.

Que como eu, tenhas teu rumo:
a falta é minha
          de ter ansiado a sombra e o sumo
          sem ter plantado
          a vinha.

XVIII

O galo canta cada vez
que ressonando gemes, ai!

Se ouvisse a ave o canto teu,
não cantaria mais.

É rouco, é pleno o canto, é a aurora
que já não tarda, e nada vês.
Teu sol em mim já se desfez
agora.

XIX

Rosa, não rosemos mais,
dorme o menino, o tempo é bom.
Qualquer a flor, o fruto a mais
é temporão.

Só ele tem direito (dorme,
o tempo é bom) – houve jamais
rosas mais belas nos rosais
que as que lhe caem
                da mão.

XX

Com vestígios de milênios
de aura e aço, o amor
chegou a mim (esperas?).
Ásperas luas contradizem
O triste teu longínquo,
o azul que eras.
E és, o azul.

      Tanjo
cordas de fino ardor, minha alma
encerra um ciclo em ti, de penas,
e não se acalma.

Responde! Em que eco
estás ó Morador das minhas frondes,
que está próximo de mim teu ouro
e as flores longe?
Depois virão os frutos, cego
perderás o santo ofício
da graça.
Cego
andarás ao largo dos meus prados
de ânsia,
e os frutos dando ao arco do céu, à praia amarga
da distância.

XXI

Era um doce pajem
que Deus entristeceu na imagem,
mas doce, e assim desceu
munido da equipagem
do terno enfloramento
seu.
Anárquica a linguagem
de tudo o arrefeceu:
vida, cor, parolagem,
nada seu.

Mas sondado foi, vagem
as cismas que escondeu
e a lágrima selvagem
do seco território
seu.

Era um doce pajem.
Adormeceu.

XXII

Melhor a flor noturna
em que te dou o amor
sem nome,
         que esta solar
flor diurna
           que me consome.
Esta que é o ar, a urna
das cinzas, esta fome
de vida, glória, ciúme, que não há
quem dome.
Melhor a flor noturna
que (não sabes) chegou-me.

XXIII

Repisamos a triste
memória dos vencidos.
Ah, pousa nos meus braços
os louros teus, feridos.
Deixa que eu pense as chagas,
que interprete os gemidos,
que a morte desenvolva
em luminosas vagas.

Deixa que eu persuada
com voz sem mais prosódia
que esta do amor, o algoz
para a misericórdia.

Deixa que te ilumine
com um gesto infinito,
que dê corcéis à chama
do teu último grito.

Deixa que eu considere
teu retido estertor,
e dê asas ao pranto,
profundidade à dor.

E morre, que eu já morro
de amor.

REVISÃO

Não nasci em nenhuma noite, nem havia sol neste dia,
nem prenúncio de chuva, nasci
para atmosferas de mim já decididamente desentendidas:
um cão silenciava com seus olhos a pulsação
do silêncio,
uma aranha destecia o fio do milenar labor,
um fio negro vedava as frinchas da casa provisória
e o amargo daquele negro fio me embriagava a boca,
e assim nasci.

Eu pária, assim nasci. Não havia
nenhuma das pombas usuais deste Ipanema que in-
[ventei
já desde o berço, ao sul (que o sul é a terra de todas as
fontes,
e a fonte morre aqui, que não se morre).

Eu brando, mas com uma espada no coração, assim
nasci – e quanto mais combates mais a dor, que dou
[de escudo
o peito onde esta espada
transita e se elabora.
Aço, aço para a canção: assim nasci. E não havia
noite, nem sol, nem transparência que me fizesse dizer:

"Oh terra minha!" e nem chegavam barcos, e nem sil-
[vícolas
havia para a dádiva das miçangas
e interioridades de pobre fausto que eram tudo
de meu, até hoje, que já do nascimento me afastei
como da terra prometida.

Era o inverno de todas as descobertas o que me aca-
[lentava,
apenas vi os irmãos, apenas
divisei sua luxúria, apenas acreditei
no seu amor.
       E fui a mares de distância
eterno cabo-não que nunca finda.

E se a noite não havia, nem o sol da manhã, nem
ninguém sorriu para mim, nem entornaram
os vinhos em minha boca, para que nasci eu?

Ah, perguntaram-me tanto por mim que já nem sei:
nasci para buscar-me, para o evento
e o martírio, para o gáudio
da cruz, para a solene coroa, para o sangue.
Eu digo que já sei todas as rotas. Eu digo
mesmo que já morri todos os dias, que já tive
todos os medos, que já duvidei e amei e traí,
eu digo
      que já conheci Deus e suas chagas
e o incorpóreo milagre do seu combate.

Eu nasci em nenhuma noite. Começo aqui,
noturno e simples, princípio e fim, para que passe
um rio pelo meu leito, eu inerte, eu dadivoso,
eu prestativo ao canto destas águas
oriundo do meu seco reduto da alma
onde se cumpre a morte,
onde se cumpre para sempre e desde sempre a morte
de onde nasci, para onde vou e findo.
Ah, este rio, sobre mim.

O REI

Nasci e não me doaram
o castelo que sonhei.
Antes de mim já era o sonho
de mim (e tudo me dei).

Que farei destes heraldos?
Com tais lanças que farei?
Se o reino foi desbaratado,
que destino cabe ao rei?

E a púrpura de minha capa
de cujo luxo não provei?
E os nardos e os heliotrópios?
O que não vi, não toquei?

E mais os olhos do amigo
com quem o trono desfrutei?
Isto no sonho que era o sonho
de mim (no qual tudo me dei).

Sobretudo destas salas
onde bailo o que bailei:
agora sem música e sem
a corte em que depositei

toda a complacência minha,
todo o *élan* da minha lei
– e o lema era ser feliz –
entre este sonho e este hoje,
o que me fiz?

O EDÍFICIO E O VERBO
(1961)

SISALTLÂNTICO

SISALTLÂNTICO, o nome
tem um timbre de sal
(consola como as uvas
e o advento de abelhas).

SISALTLÂNTICO, um seio
aponta sob o vidro
da cariátide básica.

SISALTLÂNTICO soa
cinzel de ordens de conchas,
lírio oceânico em tronos
de conformada espuma.

E os peixes nas paredes,
e as areias sem mancha.
SISALTLÂNTICO, um vento
forçando a virgindade
das janelas cerradas.

Mas nem todo o mistério
das maresias acres
confirma a liturgia
deste meu verbo incerto.

SISALTLÂNTICO fica
ao fim, claro edifício
do mais puro concreto.

II

Acreditai que o edifício é mais de vento
e investida de mar, que de cimento;
acreditai que antes houve a árvore da vida
e o bem e o mal fundaram-se em serpente
friamente esmagada;
acreditai
que há um jardim suspenso de magnólias,
ou outra flor como esta, que imagino
de matéria-de-pássaro e de sol.

Neste jardim o poeta me recebe
e fora anjo
se não se detivesse tão inquieto
junto às asas de vidro da vigília;
neste jardim bebe-se a verde lua
em cristais abatidos das arestas
de que o pé se compõe, quebrado, e intenta
escaladas noturnas.
Acreditai que o edifício não cintila
pois gasta opacidades contra o casto
ladrão de bruços, mar, onipresente.

Acreditai na migração das aves,
que este edifício é dado à nostalgia
dos recenseamentos transitórios;
não guarda os ninhos mas, de cada bico,
recebe o áspero espanto feito signo.

Acreditai, daqui se parte e parte
a casca doutrinal o ovo da vida,
mas ao regresso, em pouco e morno chá
se restitui ao ser figura e floco:
poucas palavras, ritmo, e a colher
mexendo as solidões aconchegadas.

III

Urso cálido e lúcido
no desbotado abraço;
colina de áureo feltro
contra o meu peito de aço;
olho de vidro morto
em que debruço ausente,
filho do tempo estéril
do meu frustrado ventre.

No jardim, quando a rosa
voa em prisão de outono,
o cristalino umbigo
do urso me aclara o sono;
e abraça como um grave
órgão na ilha deserta,
flor única pairando
na ferida entreaberta.

De ternuras armado,
guardo-o como um cilício;
se o encaro e sacudo
é por temer o início
em seu pêlo inocente,
de um repentino vício.

Mas são glosas de um urso
que sonha o antigo feto,
como eu, mal esboçado
na arena do projeto;
corpo distanciado
da sujeição do metro.

Urso cálido e lúcido
sob cujas orelhas
declino o beijo e penso
     nas diferentes carnes,
     nas diferentes mortes,
     e no amor, sempre imenso.

ÁRIAS

V

A Newton Pacheco

Um pássaro joga
contra mim seu vôo,
um negro pássaro
de agouro.

Um pássaro investe
contra mim seu bico
– é onda sucessiva –
eu fico.

Um pássaro orienta
contra mim seu aço –
eu brecha, pão, tristeza –
ele, pássaro.

Um pássaro derrama
sobre mim seu ouro –
é seu peito orbe vivo –
eu morro.

Um pássaro recolhe
em mim seu retrato –
leva-me os olhos, sósia
exato.

Um pássaro depõe
em mim, seu ovo claro –
eu ninho, mancha inerte
de seu arco.

Um pássaro repete
em mim a aventura –
sua face é de canto;
a minha, dura.

Pássaro, pássaro, pássa-
ro, passa, passa...
Pássaro, pássaro, passa,
me adelgaça.

Um pássaro acomete
(sou sua morte)
e prossigo em seu bico:
lema e sorte.

Um pássaro me bate
o improviso dardo –
é negro este pássaro,
mas meu fardo.

Um pássaro consulta
junto ao meu ouvido –
tudo sabe e exercita,
eu duvido.

Um pássaro me chama,
nome geral e fero –
eu, de orgulhos traído,
espero.

Um pássaro passareia
em mim sua verdade –
e o homem que me contorna,
passeia;
o homem que me contorna,
o homem que me argamassa,
o que sou: eu, que não sou
um pássaro.

O CÃO

Um cão não bale
um cão não mia
um cão não zurra:
                    acua.

Um cão não pena
um cão não couro
um cão não lã:
                    pêlo.

Um cão não garra
um cão não casco
não barbatana:
                    pata.

Um cão avesso
um cão alerta
um na coleira:
                    guarda.

Um cão no mar
um cão na vila
um na *urbs*: vira-
                    lata.

Um cão no cão
um cão no cio
um cão na morte:
                    podre.

Um cão no tempo
um cão no céu
um cão na noite:

                    estrela.

ESTE SORRIR, A MORTE
(1957)

A MEU PAI

Cedro da minha unida tessitura,
aço do meu punhal contra o infinito,
pálio do meu jogral, sabre inaudito
na origem da ferida prematura.

Não te dera o silêncio onde permito
o marco desta mística escritura,
e não me entenderias na imatura
vindima deste cântico restrito.

Corcel que sobre mim voa e entre as rotas
apensas minhas lágrimas conserva
às ilhas mais subidas e remotas.

Retrato ao fim de todos os meus zelos,
razão que nos meus mitos se observa,
sedimento ancestral nos meus cabelos.

POEMA DO AMOR SEM IDADE

Trago as primeiras infâncias do mundo para ti.

Minha carne é brutal como as primeiras borrascas
e tenho em tudo um ineditismo doloroso que te fatigará.

Não receio que te plantes em minha terra
porque a seiva que me conserva te envenenaria,
mas receio que respires minha flor, um momento,
e te despenhes num rochedo de lâminas e fogo.

Mas o meu amor, o meu selvagem amor é o que soçobra
nestes braços pacientes na espera,
e por isso meus lábios cansam e meus cabelos cansam

e vou infiltrado de desertos à procura
do oásis que és. Ah, para que não eu,
mas os outros
bebam o milagre da tua presença em mim.

CANTO DO GUARDIÃO

Fui eu o exato rio
onde te naufragaram.

Mastigo a rosa que ficou no isolamento da minha ilha,
a rosa que trazias entre as mãos
e vejo uma renovação de areia te saudando.

Estás no esquecimento do último fundo
onde é impossível amar-te
sem trazer-te à tona.

Verificarei então que já não riem nos teus olhos
as minhas florestas de guizos.

NOITE EM SANTA TERESA

Porque não pode ser amplo o silêncio agora?

A desfiguração da noite pesa-me nos olhos,
e temo.

Estes cães imotivados que trocam presenças na sombra,
estes bondes que passam,
o vazio destas ruas raramente transposto
e a perene vigilância dos arcos sulcados de trilhos
e ausência.

Porque é o silêncio este quebrável mito
que recomponho sempre,
este nunca chegar da minha inteireza
aos espelhos corroídos?

A PENA

Do meu fundo arrancaram a pena do pássaro
e a criança desenhou a rosa com ela.
Foi na minha face. Eu era o papel,
e que macio o meu sorriso se estendeu para o milagre.

Depois de pronta a flor a criança partiu,
deixou a pena
e eu amareleci de tempo
e solidão.

O sorriso permaneceu na rosa
pois já não era possível esquecer o traço,
e a pena tornou ao fundo de mim
onde eu era amargo e homogêneo pela sede.

REVELAÇÃO

Era o amor que eu queria, mas dizer-te
tanto me custa em queda e medo e abalo
que, por temer-te o espanto, eu sempre calo
para iludido, assim ao menos, ter-te.

Revelação do amor, jamais ligado
o extremo do possível vai prender-te?
Zelo, libertação, ao fim rever-te,
Pôr asas no meu ser desalentado.

Ah, pureza de ter o que não cabe
na humana construção da mão mesquinha,
saber tudo o que o amado ser não sabe.

Esta é a sabedoria que não cansa,
roteiro de outro olhar que nos definha,
luta que esgota a vida e não alcança.

FRONTEIRA

O grão de areia,
ao lado um caramujo sonha.

Uma impossível rosa se despe ao sol
do espanto, e a mosca
perambula
entre os espinhos claros
(mas não existe a rosa que o caramujo pensa).

Não existe a não ser o grão de areia,
possível rosa, possível mão ou voz
mumificada
no tempo.

O grão de areia, ao lado
um caramujo sonha.

A VOLTA

Nunca a mesma ilha.
A volta, sim,
mas não a mesma pedra,
nem o mesmo passeio e a mesma morte.

FACE DISPERSA
(1955)

BALADA EM SETE TEMPOS

Sete estrelas
evocaram
sete fadas
bem feitoras
quando ao mundo
lhe trouxeram.

Sete nuvens
foram berço,
sete brumas
seu dossel.
Sete anjinhos
lhe fizeram
sete barcos
de papel.
Sete passos
lhe ensinaram
todo o mal
que a vida tem.
Sete luzes
lhe acompanham,
sete trevas
vão também.

Sete amores
teve um dia,
sete mágoas,
logo após.
Sete adeuses
lhe deixaram.
Sete espectros
de saudade
sete noites
o assombraram.

Sete invernos
derradeiros
por seus membros
se estenderam.
Sete noites
de vigília
sete círios
se acenderam.

Sete lágrimas
alheias
num momento
derramadas.
Sete rezas,
sete flores,
sete velas,
apagadas.

ELEGIA I

Passo em que mais choro quando o dedo
aponta o meu limite.
Antes do espelho já me contemplava
absurdo e irreconhecido.

Hoje o passo em que mais choro mais me absorve
e eu já nada sou além de uns grandes olhos,
peixes de sangue arrancados da água.
– E sou mais água de lágrimas que o mar.

ESTADOS

Tudo o que morre é real.
Tudo o que nasce é possível.
Há força reconhecível
na vida em potencial.

Quando o limite do nível
não atinge o Universal,
então a vida é um mal
e a morte um bem transferível.

A vida é som dividido,
palavra amorfa, sentido
profundo de solidão.

E a morte, o que se presume,
flor conservada em perfume,
voz transcendida em canção!

MOTIVO DOS LÍRIOS

Na mesa vazia apenas os lírios se definem,
os lírios e as minhas mãos.

E serão brancos intactos diante do ar poluído
não como as minhas mãos sanguíneas e divididas.
Serão musicalmente desfolhados pelo peso das horas,
para que a brevidade os deixe gravados em saudades
                                          [nos meus olhos
não como as minhas mãos expulsas da saudade de
                                                            [Deus.

BALADA

Passos juntos
nos conduzem.
Horas frias
nos espreitam.
Fins extremos
nos esperam.

Fomos tempo
limitado
num caminho
sempre triste.
Fomos tempo
derrotado
de horas frias
que nos levam
sempre mais.
(Quanta estrela
nesta noite.)
Noite inútil
pouco nossa
tão desfeita
de incertezas.
(Quanta mágoa
nesta vida.)

Vida inútil
tão perdida
tão sem ti.

Sem querer,
anoiteci.

POEMA A UM GATO

Te encontramos na noite
e eras maior que a noite,
mais integral e sombrio.

Eras de seda derramada em movimento
e me buscavas sempre com olhar e silêncio
como se quisesses dizer a última palavra,
              a única.

Tu vieste na noite
sem luz e sem rumor
como o pensamento de remorso.

E te estendeste esguiamente sobre a minha solidão.

IMAGEM

O pássaro voa refletido no espelho
e imagina
o céu do outro pássaro.

Contra a face intransponível
investe
e sente o beijo frio da imagem.

Também o pássaro refletido deseja o mundo,
até que o espelho partido
consuma o pássaro real
e o corpo fragmentado da imagem se decompõe
                                                    sem voz.

NÓS

Nós teremos pensado um único pensamento,
realizado um único gesto,
chorado uma única lágrima.

Nós teremos sonhado uma única vez,
e desejado uma idêntica sorte.

Nós teremos amado verdadeiramente.

POEMAS BREVES

I

Esperei o momento oportuno
e o desejo me foi negado.

Sonhei com distâncias inatingíveis
e o tempo se me extinguiu.

Vivi,
e apenas a Morte esperou o meu regresso.

II

Não agora!
Amanhã, quem sabe, eu permita que me estendas a
[lâmpada.

Amanhã,
quando eu tiver esquecido por completo
o sorriso do último viajor.

III

Nada se perde
nem o mínimo desejo,
a maldade mais tênue.

Para cada pensamento
Um astro estremece e se destina.

BIOGRAFIA

Walmir Ayala nasceu em Porto Alegre, Rio Grande do Sul, no dia 4 de janeiro de 1933 e faleceu no Rio de Janeiro em 28 de agosto de 1991. Em 1955 publicou seu primeiro livro, *Face dispersa* (poesia). Em 1956 transferiu sua residência para o Rio de Janeiro. Dedicou-se a vários gêneros literários: poesia, conto, romance, teatro, literatura infantil, diário íntimo, crônica, crítica (de artes plásticas, literatura e teatro). Dedicou-se também, intensamente, ao jornalismo: de 1962 a 1968 assinou no *Jornal do Brasil* uma coluna de literatura infantil. Nesse mesmo jornal, de 1968 a 1974, foi titular de uma coluna de crítica de arte, nessa atividade participou de vários júris nacionais e internacionais. Colaborou ainda com os jornais *Folha de S.Paulo*, *Correio da Manhã*, *Jornal do Commercio*, *Última Hora*, *O Dia* etc., e diversas revistas nacionais e internacionais. Em missão cultural do Ministério das Relações Exteriores do Brasil, viajou pela Itália, Chile e Paraguai. Visitou ainda a Inglaterra, os Estados Unidos e a Alemanha a convite dos governos dos respectivos países. Esteve presente, como representante do Brasil, nas bienais internacionais de Veneza e de Paris. Visitou o Japão em missão cultural da Fundação Mokiti Okada. Foi redator e produtor da Rádio MEC e assessor cultural do Instituto Nacional do Livro. Coordenou os dois últimos volumes do *Dicionário brasileiro* *de artistas plásticos* (INL/MEC, 1977/1980) e assessorou o Departamento de Documentação e Divulgação do MEC. Tem livros publicados em Portugal, Espanha e Argentina, e poemas, contos e ensaios traduzidos para o inglês, espanhol, francês, italiano e alemão. Autor de mais de uma centena de livros, conquistou vários prêmios nacionais de poesia, ficção e literatura infantil. No Carnaval de 1987, foi homenageado pela escola de samba Portela, do Rio de Janeiro, que desfilou com o samba-enredo inspirado em seu livro *A pomba da paz*. Autor do *Dicionário de pintores brasileiros* (1986 – segunda edição revista e ampliada, 1997), foi também tradutor: Fernando de Rojas, Rosa Chacel, Cervantes, Rafael Alberti, Garcia Lorca, Casona, José Hernandez e Jorge Luis Borges. Seu acervo inclui diversos livros ainda inéditos.

BIBLIOGRAFIA

Obra de Walmir Ayala

POESIA

Face dispersa. Porto Alegre: ed. do autor, 1955.
Este sorrir, a morte. Rio de Janeiro: Organização Simões, 1957.
O edifício e o verbo. Rio de Janeiro: Livraria São José, 1961.
Antologia poética. Rio de Janeiro: Leitura, 1965.
Ocho poemas inéditos (ed. bilíngüe, trad. de Pilar Gomez Bedate). Madri: Separata da Revista Cuadernos Hispanoamericanos, 1965.
Cantata. Rio de Janeiro: G.R.D., 1966.
Poemas da paixão. Rio de Janeiro: Orfeu, 1967.
Questionário. Alegrete: Cadernos do Extremo Sul, 1967.
Poesia revisada. Rio de Janeiro: Instituto Nacional do Livro/Gráfica Olímpica, 1972.
Cangaço vida paixão norte morte. Rio de Janeiro: Edições Cabuçu, 1972.
Natureza viva. Rio de Janeiro: Cátedra, 1973.
A pedra iluminada. Rio de Janeiro: Americana, 1976.
Memória de Alcântara. São Luís: Sioge, 1979.
Estado de choque. São Paulo/Brasília: Massao Ohno/Parnaso, 1980.
Águas como espadas. São Paulo: LR, 1983.
Os reinos e as vestes. Rio de Janeiro: Nova Fronteira, 1986.
Museo de camara (ed. bilíngüe, trad. de Rosa Chacel). Madri: Coleção Xanela/Luis Maria Caruncho, 1986.

DIÁRIO

Difícil é o reino (I). Rio de Janeiro: G.R.D., 1962.
O visível amor (II). Rio de Janeiro: José Álvaro, 1963.
A fuga do arcanjo (III). Rio de Janeiro: Brasília/Rio, 1976.

ROMANCE

À beira do corpo. Rio de Janeiro: Letras e Artes, 1964. 9. ed., Belo Horizonte: Leitura, 2007.
Um animal de Deus. Rio de Janeiro: Lidador, 1967.
A nova terra. Rio de Janeiro: Record, 1980.
Partilha de sombra. Porto Alegre: Globo, 1981.
A selva escura. Rio de Janeiro: Atheneu Cultura, 1990.
As ostras estão morrendo. Belo Horizonte: Leitura, 2007.

CONTO

Ponte sobre o rio escuro. Rio de Janeiro: Expressão e Cultura, 1974.
O anoitecer de Vênus. Rio de Janeiro: Record, 1998.

ENSAIO

A criação plástica em questão. Rio de Janeiro: Vozes, 1970.
O Brasil por seus artistas. Brasília: Ministério da Educação e Cultura, 1979. 2. ed., ed. bilíngüe: português/inglês; francês/inglês. Rio de Janeiro/São Paulo: Nórdica/ Círculo do Livro, s. d.
Vicente, inventor. Rio de Janeiro: Record/Funarte, 1980.
Jóias da arte sacra brasileira. Rio de Janeiro: Colorama, 1981.
Vamos salvar este salão? Rio de Janeiro: Cultura Contemporânea, 1982.
Arte brasileira. Rio de Janeiro: Colorama, 1985.

Luiz Verri. Rio de Janeiro: Arte Hoje, 1985.
Dicionário de pintores brasileiros. Rio de Janeiro: Spala, 1986. 2 vols, bilíngüe: português/inglês. 2. ed. rev. e amp. Curitiba: UFPR, 1997.
Bandeira de Mello: a arte do desenho. Rio de Janeiro: Mini Galery, 1986.
Martinho de Haro. Rio de Janeiro: Leo Christiano, 1986.
Manoel Costa. Rio de Janeiro: Imprinta, 1987.
Brasília: patrimônio cultural da humanidade. Rio de Janeiro: Spala, 1988.
Notícias do Paraná: sobre arte paranaense. Curitiba: Imprensa Oficial do Paraná, 2002.

CRÔNICA

Diário de bolso. Brasília: Ebrasa, 1970.

TEATRO

Sarça ardente. Porto Alegre: Teatro Universitário, 1959.
Quatro peças em um ato. Rio de Janeiro: Serviço Nacional de Teatro, 1961.
Chico rei/A salamanca do Jarau. Rio de Janeiro: Civilização Brasileira, 1965.
Nosso filho vai ser mãe/Quem matou Caim. Rio de Janeiro: Letras e Artes, 1965.
"A pobreza envergonhada." *Teatro Mobral: cinco peças*. Rio de Janeiro: Serviço Nacional de Teatro, 1975.

TEATRO INFANTIL

Peripécias na lua. Rio de Janeiro: Imprensa Nacional, 1959.
Teatro infantil. Rio de Janeiro: Letras e Artes, 1965. 4. ed. Rio de Janeiro: Ediouro, 1998.

A bela e a fera/O galo de Belém. Belo Horizonte: Villa Rica, 1994.
O circo da alegria/A aranha cartomante. Belo Horizonte: Villa Rica, 1994.
A bruxa dos espinheiros/A sereia de prata. Belo Horizonte: Villa Rica, 1994.
A onça de asas/O casamento de dona Baratinha. Belo Horizonte: Villa Rica, 1994.
Peripécias na lua/A semente mágica. Belo Horizonte: Villa Rica, 1994.

LITERATURA INFANTIL

O canário e o manequim. Rio de Janeiro: J. Ozon, 1961. 3. ed. Rio de Janeiro: Ediouro, 1998.
O menino que amava os trens. Rio de Janeiro: Ministério dos Transportes, 1970. 2. ed. Rio de Janeiro: Bertrand Brasil, 2005.
Histórias dos índios do Brasil. Rio de Janeiro: Brughera, 1971. 4. ed. Rio de Janeiro: Ediouro, 1998.
A toca da coruja. Rio de Janeiro: Lisa Livros Irradiantes, 1973. 3. ed. Rio de Janeiro: Nórdica, 1984.
A pomba da paz. São Paulo: Melhoramentos, 1974. 19 ed., São Paulo: Formato/Saraiva, 2007.
Moça lua. Porto Alegre: Bels, 1974. 6. ed. Rio de Janeiro: Ediouro, 1998.
A estrela e a sereiazinha. Porto Alegre: Garatuja, 1976. 2. ed., 1978.
Guita no jardim. São Paulo: Melhoramentos, 1980.
Festa na floresta. São Paulo: Melhoramentos, 1980. 7. ed., 1993.
O azulão e o sol. São Paulo: Melhoramentos, 1980. 3. ed. Portugal: Melhoramentos, 1991.
Aventuras do abc. São Paulo: Melhoramentos, 1981. 3. ed., 1987.

O burrinho e a água. São Paulo: Melhoramentos, 1982. 2. ed., 1986.
Era uma vez uma menina. São Paulo: Berlendis & Vertecchia, 1982. 38. ed., 2005.
A lua dos coelhos amarelos. Porto Alegre: Feplan, 1983.
A bruxa malvada que virou borboleta. Porto Alegre: Mercado Aberto, 1983. 4. ed., 1988.
O elefante verde. Porto Alegre: L&PM, 1984.
O futebol do rei leão. Rio de Janeiro: Nova Fronteira, 1984. 4. ed., 1992.
O jacaré cosmonauta. São Paulo: FTD, 1984. 9. ed., 1997.
A fonte luminosa. São Paulo: FTD, 1984. 10. ed., 1995.
A história do centaurinho. Porto Alegre: Kuarup, 1985.
A história da tartaruga Anita. Rio de Janeiro: Nórdica, 1985. 2. ed., s. d.
Assombrações da formiga Meia-Noite. Natal: Nossa, 1985.
La paloma de la paz (tradução de *A pomba da paz*). Buenos Aires: Ediciones de La Flor, 1985. 2. ed., 2005.
O forasteiro. São Paulo: Berlendis & Vertecchia, 1986. 33. ed., 1998.
O carnaval do jabuti. São Paulo: Moderna, 1988. 29. reimpr., 1999.
O mapa do tesouro. São Paulo: FTD, 1988. 6. ed., 1997.
O borbofante. Belo Horizonte: Villa Rica, 1991.
Orelhas de burro. Rio de Janeiro: Ao Livro Técnico, 1991. 3. ed., 2001.
Dedo-de-rato. Porto Alegre: L&PM, 1991.
O país do nim. Belo Horizonte: Villa Rica, 1992.
A história do pente azul. Belo Horizonte: Villa Rica, 1992.
História de Natal. Belo Horizonte: Villa Rica, 1992.
O estregalo. Belo Horizonte: Villa Rica, 1992.
A chegada dos reis. Belo Horizonte: Villa Rica, 1992.
A árvore do Saci. Belo Horizonte: Villa Rica, 1992.
Sonho de Ano Novo. Belo Horizonte: Villa Rica, 1992.

O dia dos coelhinhos. Belo Horizonte: Villa Rica, 1992.
O gato azul. Belo Horizonte: Villa Rica, 1993.
O menino e o passarinho. Belo Horizonte: Villa Rica, 1993.
O sabiá vaidoso. Belo Horizonte: Villa Rica, 1993.
O príncipe impossível. Belo Horizonte: Villa Rica, 1993.
O peixinho Tororó. Belo Horizonte: Villa Rica, 1993.
A guerra dentro da árvore. Belo Horizonte: Villa Rica, 1993.
Histórias da criação. Rio de Janeiro: Memórias Futuras, 1993. 5. ed., Belo Horizonte: Leitura, 2007.
O coelho Miraflores. Rio de Janeiro: José Olympio, 1993.
A onça e a coelha. Rio de Janeiro: Ao Livro Técnico, 1993. 2. ed., 1995.
O nome da árvore. Rio de Janeiro: Ao Livro Técnico, 1994. 3. ed., 1996.
O coelho vai à fonte. Rio de Janeiro: Ao Livro Técnico, 1994.
A lenda do bem-te-vi. Belo Horizonte: Villa Rica, 1994.
O unicórnio na terra dos cinco sentidos. Belo Horizonte: Villa Rica, 1994.
O mosquito concertista. Rio de Janeiro: Ao Livro Técnico, 1994.
A grande chuva. Belo Horizonte: Villa Rica, 1999.
Passeio de Nossa Senhora. Belo Horizonte: Villa Rica, 1999.
O cavalo encantado. Belo Horizonte: Villa Rica, 1999.
A cobra da cidade morta. Belo Horizonte: Villa Rica, 1999.
A história do Urutau. Belo Horizonte: Villa Rica, 1999.
O João-de-Barro. Belo Horizonte: Villa Rica, 1999.
O cervo dourado. Belo Horizonte: Villa Rica, 1999.
A onça e o tamanduá. Belo Horizonte: Villa Rica, 1999.
O índio curioso. Belo Horizonte: Villa Rica, 1999.
A festa no céu. Belo Horizonte: Villa Rica, 1999.
A história da Boiguaçu. Belo Horizonte: Villa Rica, 1999.
A lenda do primeiro gaúcho. Belo Horizonte: Villa Rica, 1999.
A história do milho. Belo Horizonte: Villa Rica, 1999.
Escada de flechas. Belo Horizonte: Villa Rica, 1999.
A vitória-régia e o beija-flor. Belo Horizonte: Villa Rica, 1999.

O mistério do país de Zuris. Belo Horizonte: Formato, 2000. 2. ed., 2003.
A aranha e a raposa. Curitiba: Criar, 2002.

ORGANIZAÇÃO

Novíssima poesia brasileira. Rio de Janeiro: Cadernos Brasileiros, 1962.
Novíssima poesia brasileira II. Rio de Janeiro: Cadernos Brasileiros, 1965.
Poesia da fase colonial. Rio de Janeiro: Ediouro, 1967.
Antologia dos poetas brasileiros: *fase moderna* (com Manuel Bandeira, 2 vols.). Rio de Janeiro: Ediouro, 1967. 2. ed., Rio de Janeiro: Nova Fronteira, 1996.
Antologia poética, Lila Ripoll. Rio de Janeiro/Brasília: Leitura/INL/MEC, 1968.
Poemas do amor maldito (com Gasparino Damata). Brasília: Coordenada, 1969.
Poetas novos do Brasil. Rio de Janeiro: Instituto Nacional do Livro, 1969.
Abertura poética: primeira antologia de novos poetas do novo Rio de Janeiro (com César Araújo). Rio de Janeiro: C. S., 1975.
Poesia brasileira (2 vols.). Rio de Janeiro: Ediouro, 1985. 2. ed., 1996.
Antologia poética, Fernando Pessoa. Rio de Janeiro: Ediouro, 1985. 6. ed. reformulada, 2001.
Cartas de amor, Fernando Pessoa. Rio de Janeiro: Ediouro, 1986. 4. ed., 1998.
Antologia de estética, teoria e crítica literária, Fernando Pessoa. Rio de Janeiro: Ediouro, 1988.
Poemas escolhidos, Ferreira Gullar. Rio de Janeiro: Ediouro, 1989. 2. ed., 1991.
Antologia poética, Mário Quintana. Rio de Janeiro: Ediouro, 1990. 6. ed., 1998.

Ou isto ou aquilo, Cecília Meireles. Rio de Janeiro: Nova Fronteira, 1990. 31. ed., 2001.
Antologia poética, Lêdo Ivo. Rio de Janeiro: Ediouro, 1990.
Antologia poética, Gregório de Matos. Rio de Janeiro: Ediouro, 1991, 4. ed., 1999.
Antologia poética, Marcos Konder Reis. Rio de Janeiro: Ediouro, 1991.
Poemas de amor. Rio de Janeiro: Ediouro, 1991. 2. ed., 1993.
Poesia completa, Cecília Meireles. Rio de Janeiro: Nova Aguilar, 1994.

TRADUÇÃO E ADAPTAÇÃO

Auto de São Lourenço, de José de Anchieta. Rio de Janeiro: Ediouro, 1967, 7. ed., 1998.
O pequeno polegar, de Charles Perrault. Rio de Janeiro: Brughera, 1967.
Chapeuzinho vermelho, de Charles Perrault (adaptado por Eugenio Sotillos). Rio de Janeiro: Record, 1967.
Robinson Crusoé, de Daniel Defoe. Rio de Janeiro: Brughera, s. d.
Roda feliz (8 vols.). Rio de Janeiro: Brughera, 1968.
A celestina, de Fernando de Rojas. Brasília: Coordenada, 1969. 2. ed. Rio de Janeiro: Francisco Alves, 1988.
O gato de botas, de Charles Perrault. Rio de Janeiro: Brughera, 1969.
Três autos: da alma, da barca do inferno, de Mofina Mendes, de Gil Vicente. Rio de Janeiro: Ediouro, 1985. 7. ed., 1996. São Paulo: Publifolha/Ediouro, 1997.
Memórias de Letícia Valle, de Rosa Chacel. Rio de Janeiro: José Olympio, 1986.
Martin Fierro, de José Hernandez. Rio de Janeiro: Ediouro, 1991. 2. ed., 1992.

COORDENAÇÃO

Dicionário brasileiro de artistas plásticos (arquitetura, escultura, pintura, desenho, gravura – 3 e 4 vols.). Rio de Janeiro/Brasília: INL/MEC, 1977/1980.
Museu Nacional de Belas Artes. Rio de Janeiro: Colorama, s. d.
Djanira: acervo do Museu Nacional de Belas-Artes. Rio de Janeiro: Colorama, 1985.
Museu Imperial. Rio de Janeiro: Colorama, 1987.

Sobre Walmir Ayala

ANDRADE, Carlos Drummond de. Mirante. Caderno B – *Jornal do Brasil*. Rio de Janeiro, 15 ago. 1983.
APPEL, Carlos Jorge. À beira do corpo. *Correio do Povo*. Porto Alegre, 24 abr. 1966.
BOTO, António. Quatro plaquetes de boa leitura. *Diário Carioca*. Rio de Janeiro, 25 ago. 1957.
BRASIL, Assis. *A nova literatura*. Rio de Janeiro: Americana, 1975.
――――― . *O livro de ouro da literatura brasileira*. Rio de Janeiro: Tecnoprint, 1980.
――――― . Poemas como orações. *Teoria e prática da crítica literária*. Rio de Janeiro: Topbooks, 1995.
――――― . *Vocabulário técnico de literatura*. Rio de Janeiro: Ediouro, 1979.
CHAMMA, Foed Castro. Estado de choque. *Suplemento literário Minas Gerais*. Belo Horizonte, 28 maio 1981.
COUTINHO, Afrânio; SOUSA, J. Galante. *Enciclopédia de literatura brasileira*. São Paulo: Global Editora, 2001. Vol. I.
CUNHA, Fausto. Reflexões um pouco banáusicas. *Correio da Manhã*. Rio de Janeiro, 13 jan. 1962.
FARIA, Octávio de. O "diário" de Walmir Ayala. *Diário de Notícias*. Rio de Janeiro, 23 dez. 1962.

———. Walmir Ayala, poeta. *Correio do Povo*. Porto Alegre, 30 dez. 1967.

FROTA, Lélia Coelho. As relações transcendentais da *Poesia revisada* de Ayala. *Jornal do Brasil*. Rio de Janeiro, 31 mar. 1973.

FROTA, Lélia Coelho. Literatura brasileira: *Poesia revisada*, de Walmir Ayala. *Colóquio – Letras*. Rio de Janeiro, 14 jul. 1973.

HOHLFELDT, Antônio. Esta sondagem cruel e autêntica. *Correio do Povo*. Porto Alegre, 7 abr. 1973.

———. Em rumo do outro lado. *Correio do Povo*. Porto Alegre, 13 jul. 1974.

HOUAISS, Antonio. Walmir Ayala, vinte anos de poesia. *Correio do Povo*. Porto Alegre, 2 out. 1976.

LEAL, César. A poesia de Walmir Ayala. Crítica literária. s. d.

LINHARES, Temístocles. *Diálogos sobre a poesia brasileira*. São Paulo: Melhoramentos, 1976.

MAURÍCIO, Jayme. Ayala: da poesia à crítica de arte. *Correio da Manhã*. Rio de Janeiro, 3 jun. 1974.

MOISÉS, Massaud. *História da literatura brasileira: Modernismo*. São Paulo: Cultrix, 1989.

MOREIRA, Virgílio Moretzsohn. Peregrinação original. *IstoÉ*. São Paulo, 26 nov. 1986.

NETO, Miguel Sanches. A vida como arte. *Gazeta do povo*. Curitiba, 9 nov. 1998.

OLINTO, Antônio. *Cadernos de crítica*. Rio de Janeiro: Livraria José Olympio, 1959.

———. Aventuras da renovação: novos poemas de Ayala. *Porta de livraria – O Globo*. Rio de Janeiro, 1º set. 1970.

———. Este sorrir, a morte. *Beautiful Week*. Rio de Janeiro, set. 1991.

OTERO, Berenice. Walmir Ayala: não existe criação sufocada. *Zero Hora*. Porto Alegre, 9 jun. 1973.

PICCHIO, Luciana Stegagno. *Literatura brasileira: das origens a 1945*. São Paulo: Martins Fontes, 1988.
——— . *História da literatura brasileira*. Rio de Janeiro: Nova Aguilar, 1997.
PÓLVORA, Hélio. *Graciliano, Machado, Drummond & outros*. Rio de Janeiro: Francisco Alves, 1975.
REIS, Marcos Konder. A paixão segundo Ayala. *Jornal do Brasil*. Rio de Janeiro, 20 jan. 1968.
——— . Uma antologia poética. *Jornal do Commércio*. Rio de Janeiro, 3 out. 1966.
ROSA, Sérgio Ribeiro. *Pombagira e o apocalipse*. Rio de Janeiro: Cultura Contemporânea, 1970.
——— . Walmir Ayala: águas como espadas. *Colóquio – Letras*. Lisboa: Fundação Calouste Gulbenkian, nov. 1983.
SCHÜLER, Donaldo. *A poesia no Rio Grande do Sul*. Porto Alegre: Mercado Aberto/IEL, 1987.
VILLAÇA, Antonio Carlos. *Degustação*. Rio de Janeiro: José Olympio, 1994.

ÍNDICE

A espada, a estrela e o jaguar 9

OS REINOS E AS VESTES (1986)

1. Movem-se os reinos 21
2. Recebo a água em meus lábios 22
3. Os objetos ao meu redor 23
4. Mais belo que o som que escuto................... 24
5. Espaço e tempo – 25
6. A referência é meu limite. 26
7. Espio as flores amarelas 27
8. Caiu uma semente 28
9. A forma específica da água 29
10. Queimaremos os pássaros 30
12. O que nos sustenta 31
15. Mais do que nunca as palavras embriagam o mundo. 32
16. O destino, o que é o destino? 33
18. Leio no mapa 34
20. A máquina do som jaz soterrada 35
21. A paisagem traçada pela mão de uma criança 36
22. Vou permitir que chegue a morte 37

23. Coloco em torno das palavras 38
26. As feras atiçadas lançam dardos selvagens, ... 39
28. A tarde doura sua última luz 40
29. Põe tua espada sobre o reino merecido, ... 41
31. Busca a língua o sabor de todos os instantes. .. 42
34. Dormem os vivos. Pendem 43
35. Na laranja chupada as moscas reconhecem 44
36. Por um momento o rosto 45
37. Um céu de agulhas manipula o ciúme 46

ÁGUAS COMO ESPADAS (1983)

Intróito 49
Projeto 50
Janeiro 52
Detalhes 53
Desígnio 54
Visão 55
Todo o Mar 56
A Sorte 57
Passeio 58
Os Homens Amargos 59
Os Loucos 60
Céu 61
A Casa e Seu Espaço 62
O Agonizante 63
Domingo 64
Narciso 65

Tatuagem	66
Poema no Rascunho	67
Betânia Iemanjá	68
Fonte	70
O Sono	71
A Embriaguez	72
Os Cegos	73
O Museu	74
A Passagem do Dia	75
O Instante	76
Limite	77
Uma Sombra	78

ESTADO DE CHOQUE (1980)

A Era do Filho	81
Sedução	83
Socorro	84
O Dia do Meio Ambiente	86
Gênese	89
O Mundo Interior	91
Lição	93
O Bebê de Proveta	94
Incêndio no Museu	95
Epígrafe	96
O Ouro do Faraó	98
Entrevista	100
Arte Poética	102

MEMÓRIA DE ALCÂNTARA (1979)

Romance I 107
Visão 111
Personagem 113
Hora da Chuva 114
Romance III 116
Romance das Lápides 118
As Redes 120
Altar do Carmo 122
O Cicerone 124

NATUREZA VIVA (1973)

Ode ao Carnaval 129
Caramujo 131
O Gato 132
Eis o Mar 133
O Vinho 135
Gravura Chinesa 137
Morcego Morto 138
Ciclo 139
Tempos do Arcanjo 140
Pulso 148
Vigília 149
Promessa 150
Atrás do Jardim 151
Tempo de Amor 152
Inimigo 153
Adivinhação 154

Retrato 156
Imagem Barroca 157
Unicórnio 158

QUESTIONÁRIO (1967)

(Em Que Rua Mora?) 163
(São os Poetas Uns Predestinados?) 165
(Cinco Linhas para Uma Tuberculosa Jovem,
   Atrás de Uma Janela, Num Dia de
   Carnaval) 167
(O Que Mais Importa: O Corpo ou a
   Palavra?) 168
(Você Assassinaria Alguém?) 169
(Defina em Três Palavras a Cor Vermelha) 170
(Defina em Três Palavras a Cor Azul) 171
(Você Quer o Mundo para Washington ou
   Moscou?) 172
(O Que é o Ciúme?) 173
(Crê em Deus?) 174
(Comente para Nós o Diabo) 175
(Qual o Mais Lindo Verso Que Escreveu?) 176

POEMAS DA PAIXÃO (1967)

Aguardente 179
Noite Escura 180
O Rei 181
Maldito 182

Jogo	183
Mandrágora	184
Frutal	185
Núcleo	186
Chá de Jasmim	187
Apresentação	188
Ouro Verde do Mar	189
Amor	190
Estação	191
Convite	192
Eu Sei	193
Rumo	194
Caça	195
As Verônicas	196

CANTATA (1966)

Flauta Doce	207
Revisão	215
O Rei	218

O EDIFÍCIO E O VERBO (1961)

Sisaltlântico	223
Árias	228
O Cão	231

ESTE SORRIR, A MORTE (1957)

A Meu Pai 235
Poema do Amor Sem Idade 236
Canto do Guardião 237
Noite em Santa Teresa 238
A Pena 239
Revelação 240
Fronteira 241
A Volta 242

FACE DISPERSA (1955)

Balada em Sete Tempos 245
Elegia I 247
Estados 248
Motivo dos Lírios 249
Balada 250
Poema a Um Gato 252
Imagem 253
Nós 254
Poemas Breves 255

Biografia 257
Bibliografia 259

COLEÇÃO MELHORES CRÔNICAS

Machado de Assis
Seleção e prefácio de Salete de Almeida Cara

José de Alencar
Seleção e prefácio de João Roberto Faria

Manuel Bandeira
Seleção e prefácio de Eduardo Coelho

Affonso Romano de Sant'Anna
Seleção e prefácio de Letícia Malard

José Castello
Seleção e prefácio de Leyla Perrone-Moisés

Marques Rebelo
Seleção e prefácio de Renato Cordeiro Gomes

Cecília Meireles
Seleção e prefácio de Leodegário Azevedo Filho

Lêdo Ivo
Seleção e prefácio de Gilberto Mendonça Teles

Ignácio de Loyola Brandão
Seleção e prefácio de Cecilia Almeida Salles

Moacyr Scliar
Seleção e prefácio de Luís Augusto Fischer

Zuenir Ventura
Seleção e prefácio de José Carlos de Azeredo

Rachel de Queiroz
Seleção e prefácio de Heloisa Buarque de Hollanda

Ferreira Gullar
Seleção e prefácio de Augusto Sérgio Bastos

Lima Barreto
Seleção e prefácio de Beatriz Resende

Olavo Bilac
Seleção e prefácio de Ubiratan Machado

Roberto Drummond
Seleção e prefácio de Carlos Herculano Lopes

Sérgio Milliet
Seleção e prefácio de Regina Campos

Ivan Angelo
Seleção e prefácio de Humberto Werneck

Austregésilo de Athayde
Seleção e prefácio de Murilo Melo Filho

*Odylo Costa Filho**
Seleção e prefácio de Cecília Costa

*João do Rio**
Seleção e prefácio de Fred Góes e Luís Edmundo Bouças Coutinho

*França Júnior**
Seleção e prefácio de Fernando Resende

*Marcos Rey**
Seleção e prefácio de Sílvia Borelli

*Artur Azevedo**
Seleção e prefácio de Antonio Martins Araújo

*Coelho Neto**
Seleção e prefácio de Ubiratan Machado

*Gustavo Corção**
Seleção e prefácio de Luiz Paulo Horta

*Rodoldo Konder**

*PRELO**

GRÁFICA PAYM
Tel. (011) 4392-3344
paym@terra.com.br